POESIA REUNIDA
1965-1999
VOLUME 2

OBRAS DO AUTOR NA COLEÇÃO **L&PM** POCKET

Intervalo amoroso (vol. 153)
Poesia reunida: 1965-1999, volume 1 (vol. 376)
Poesia reunida: 1965-1999, volume 2 (vol. 377)

Affonso Romano de Sant'Anna

POESIA REUNIDA 1965-1999
VOLUME 2

www.lpm.com.br

L&PM POCKET

Coleção **L&PM** Pocket, vol. 377

Estes 2 volumes da Poesia completa de Affonso Romano de Sant'Anna foram baseados nos livros *Poesia Possível* (Editora Rocco, 1987), *O lado esquerdo do meu peito* (Editora Rocco, 1993) e *Textamentos* (Editora Rocco, 1999).

Primeira edição na Coleção **L&PM** POCKET: maio de 2004
Esta reimpressão: maio de 2007

capa: Marco Cena
revisão: Jó Saldanha, Antônio Falcetta e Flávio Dotti Cesa

ISBN 978-85-254-1294-2

S232p	Sant'Anna, Affonso Romano, 1937- Poesia reunida: 1965-1999/ Affonso Romano Sant'Anna. -- Porto Alegre: L&PM, 2007. 2 v. ; 18 cm. -- (L&PM Pocket) 1.Literatura brasileira-Poesias. I.Título. II.Série. CDD 869.91 CDU 821.134.3(81)-1

Catalogação elaborada por Izabel A. Merlo, CRB 10/329

© Affonso Romano de Sant'Anna, 2004

Todos os direitos desta edição reservados à L&PM Editores
Porto Alegre: Rua Comendador Coruja 314, loja 9 - 90220-180
Floresta - RS / Fone: 51.3225.5777
Pedidos & Depto. comercial: vendas@lpm.com.br
Fale conosco: info@lpm.com.br
www.lpm.com.br

Impresso no Brasil
Outono de 2007

ABRINDO A LEITURA

Nestes dois volumes contendo oito livros de poemas de ARS, o leitor encontrará a trajetória poética de um autor que passou pelos diversos momentos da poesia brasileira entre 1950 e 1999, guardando sua individualidade e desenvolvendo sua obra como um projeto poético e existencial.

O primeiro livro, *Canto e palavra* (1965), já é a superação do falso dilema entre forma e conteúdo, formalismo e participação, que havia caracterizado a poesia daquela época, como se fossem "duas águas" inconciliáveis, de acordo com a imagem de João Cabral. Em *Poesia sobre poesia* (1975), conforme suas palavras, o autor realizou um acerto de contas com as vanguardas do Concretismo e Praxis, com quem dialogou, e de Tendência e Violão de Rua. É um livro desesperado, poesia para poetas, poesia-ensaio, poesia-manifesto, fundamental para se entender os dilemas da poesia na época, e nele ARS exorcisa o poeta que há dentro do crítico e teórico.

Já *A grande fala do índio guarani* (1978) não apenas retoma o poema longo, como estabelece um diálogo com a tradição poética que vem dos índios pré-colombianos até os nossos guaranis. Realizando uma "poesia planetária" como assinalou Tristão de Athayde, refaz um trajeto que vem de Gonçalves Dias e passa por *Macunaíma*, abordando os ásperos momentos da repressão política, social e estética. Por sinal, é dupla a luta deste poeta: contra a repressão formal e a repressão estética. Por isso, o seu discurso ainda se complementaria em *A catedral de Colônia* (1984), poema escrito quando lecionou em Colônia (Alemanha) e conviveu com vários exilados, reafirmando sua perplexidade diante da história e do tempo (dois de seus temas fundamentais), fundindo lembranças de sua infância nos trópicos com a história européia. Mas essa obra, no entanto, é precedida de *Que país é este?* (1980), livro-marco, que ajudou a enterrar a ditadura e a trazer à tona a poesia dos acontecimentos sociais. Lembre-se que ARS nos anos 80 estampou corajosos poemas nas páginas de política, compôs textos para a televisão, aceitando os desafios mediáticos de seu tempo. O que levou Wilson Martins a chamá-lo de "o poeta do nosso tempo" e "o mais brasileiro" de nossos poetas.

Os dois últimos livros, *O lado esquerdo do meu peito* (1992) e *Textamentos* (1999), têm uma certa unidade entre si. É como se o autor tivesse encerrado o ciclo dos longos poemas, voltado a uma poesia menos épica e mais intimista, onde Eros sobrepuja Tanatos. São livros de leitura mais direta, graças ao apuro a que chegou o autor depois de percorrer os tortuosos caminhos de nossa poesia nesses últimos cinquenta anos.

Releva dizer, finalmente, para ficarmos apenas no espaço da poesia, sem nos alongarmos na área do ensaio, da crítica e da crônica, gêneros em que o autor tem notáveis contribuições, que ARS é um caso raro na poesia brasileira. Dela participa como poeta de repercussão nacional e internacional e como agente aglutinador. Além de estar presente em diversas antologias dentro e fora do país, tem participado de festivais internacionais na Irlanda, México, Canadá, Colômbia, Israel, Chile e Quebec; foi um dos articuladores da Semana Nacional de Poesia de Vanguarda (Belo Horizonte, 1963); foi editor do suplemento "Jornal de Poesia", do *Jornal do Brasil* (1973), que publicou pela primeira vez, na grande imprensa, jovens "poetas marginais" ao lado de Drummond e Vinícius; foi também o organizador da "Expoesia" (1973), evento que, em plena ditadura, reuniu seiscentos poetas e tornou visível uma nova geração, e, mais recentemente, realizando uma marcante gestão à frente da Biblioteca Nacional, foi o criador da sofisticada revista *Poesia sempre* pela qual foi responsável entre 1991 e 1996 propiciando que a criação poética atual brasileira dialogasse com a poesia que se faz em dezenas de outros países.

Os editores

SUMÁRIO

Política e Paixão (1984)

A implosão da mentira ou o episódio do Riocentro / 17
A danação de agosto / 20
Os desaparecidos / 23
Diálogo com os mortos / 26
Sobre a atual vergonha de ser brasileiro / 30

A catedral de Colônia (1985)

O duplo / 34
Grafitos brasileiros / 35
De que riem os poderosos? / 38
Em Berlim, a travessia / 39
Asas de verão / 40
Vai, ano velho / 44
O suicida / 45
O descendente da utopia / 47
Sobre certas dificuldades atuais / 49
O torturado e seu / 51
Torturador / 51
Eppur si muove / 52
Panis et circensis / 54
Polonaise em forma de cruz / 56
O massacre dos inocentes ou
　um mistério bíblico na América Central / 57
O jogo da terra alheia / 58
Madrugada alemã / 59
O metapeixe / 60
De um livro de Kristeva / 60
Num hotel / 61

Amor vegetal / 62
Bandeira, talvez / 62
Os amantes / 63
Catando os cacos do caos / 64
A lua é diferente / 66
Floral / 67
O amor, a casa e os objetos / 67
Música de Austin / 69
Desejo aceso / 69
Ironia canibal / 70
De que vivem e morrem os poetas / 72
O homem e a morte / 71
Minha morte alheia / 72
Notícias de morte / 72
Leitura do morto / 73
O último tango nas Malvinas / 74
O fim total: improviso diante de certas notícias / 78
Homenagem ao itabirano / 81
Letra: ferida exposta ao tempo / 83
Luz interior / 84
A morte crescente de Osman Lins / 85
O azar de Mallarmé / 86
Cilada verbal / 87
Cinismo etário / 87
O leitor e a poesia / 88
Fazer versos / 89
Os limites do autor / 89

A Catedral de Colônia

Pedra fundamental / 91
Risco da fachada / 92
Dúvidas na construção / 94
Reis e fadas na catedral / 96
Um índio na catedral / 99
Antimetafísica tropical / 104
Minha guerra alheia / 107
Catedral de livros / 112

A catedral no rio da memória / 113
Guerras religiosas / 119
Carnaval em Colônia / 122
A catedral inconclusa / 132

O LADO ESQUERDO DO MEU PEITO (1992)
(Livro de aprendizagens)

Assombros / 134
Certas coisas / 134
Dificuldades manuais / 135
Edital / 136
Lembrando Nélson Rodrigues / 136
Picasso e as mulheres / 137
Inveja / 139
Turista acidental / 140
Mineirando / 141
Ir para Minas / 141
Leitura natural / 142
Improviso 1982 / 142
O nada escrito / 144
Desmonte / 145
Certeza / 146
Ode olímpica 1988 / 147
Males do corpo / 149
Antes que escureça / 150
Errando no museu Picasso / 150
Ateliê de Cézanne / 151
Saint Victoire / 152
Modigliani / 152
Georgia O'Keefe em Nova York / 153
O corpo exige / 153
Cinco da tarde / 154
Pequenos assassinatos / 155
Canibalismo atual / 155
Desejos / 156
Imagem / 157
Conjugação / 157
Reflexivo / 158

Aprendizagem da história
Epitáfio para o séc. XX / 158
Obra humana / 161
Década perdida / 161
Morrer no Brasil / 163
Hino da canalha / 164
Haicai mallarmaico latino-americano / 165
A coisa pública e a privada / 165
Ser nacional / 167
Cansaço histórico / 168
Partido / 168
Autocrítica / 169
Vivendo e aprendendo / 171
Remorso histórico / 172
Dialética 1961 / 172
Dialética 1970 / 173
Guerras / 174
Posteridade / 174
A morte das ideologias / 175
As utopias / 176
O muro de Berlim / 177
Fragmento de história / 180
Dois poemas mexicanos / 181
Gêngis Khan / 182

Aprendizagem do amor
Mistério / 183
O amor e o outro / 184
O grito / 184
Flor da tarde / 184
Ave amor / 185
Amor sem explicação / 185
Com-paixão / 186
Ricordanza della mia gioventù / 186
Entrevista / 187
Limites do amor / 188
Carta poética / 188
Era te ver / 189
Uma tarde / 189

Falo solar / 190
Casamento / 190
Estela amorosa / 190
Separação / 191
O destronado / 192
Felina / 193
Silêncio amoroso 1 / 193
Instante de amor / 194
Presente / 194
Amor e medo / 195
Silêncio amoroso 2 / 195
Mitos e ritos / 195
Fábula revisitada / 196
Amor presente / 196
Amor e ódio / 196
Cada qual / 197
Confluência / 197
Amor geral / 198
Cena familiar / 198
Fascínio / 198
Feliz / 199
Balada dos casais / 199
Rugas / 200
Intervalo amoroso / 200
Versificação / 201
A intrusa / 201
Gaia ciência / 202
Ir deslizando / 202
Morrer, amar / 202

Aprendizagem da poesia
Mãos à obra / 203
Ars / 203
Vício antigo / 203
Controvérsias / 204
Questões homeopáticas / 205
O poeta e a bala / 206
A poesia perdida / 208
A poesia dos anos 60 e 70 / 208

Sabiá / 209
Poética 1940 / 209
Poema extraído de uma crônica de Machado de Assis / 210
Dois poemas extraídos das memórias de Pedro Nava / 210
Num álbum / 211
Grande guerra / 211
Roseana / 212
A chave, a poesia / 212
Drummondiana / 212
Jogral / 213
Escrita imprevisível / 213
Bandeira revisitado / 214
Texto futuro / 214
Ponto final / 215

Aprendizagem da morte
Aprendizado / 215
Despedidas / 216
De repente, a morte / 216
Artesão / 217
Não à morte / 217
Amar a morte / 218
Estão se adiantando / 218
O cupim / 219
Morrer de amor / 219
Tardes / 219
Decomposição de Orfeu / 220
Impaciência com a morte alheia / 220
Carpem diem / 221
A falta futura / 221
Objetos do morto / 222
O morto / 222
Sair de cena / 223
Progressão / 223
Conhecendo a morte / 223
Aviso prévio / 223
Escolhendo a estação / 224
Aos poucos / 224
Amador / 224

Quebra do pacto / 225
Legado vivo / 225
Morte contínua / 225
Lá dentro, cá fora / 226
Antes que o corpo parta / 226
Morte no terraço / 227
Viajando / 227
Preparando a casa / 228
Um tema e dois poemas / 228
Curva natural / 230
Carta aos mortos / 230

TEXTAMENTOS (1999)

Textamento / 232
Procura antiga / 232
Aprendizados / 233
Além do entendimento / 233
Novo gênesis / 234
In illo tempore / 235
Velhice erótica / 235
Mudam-se os tempos / 236
Antropologia sexual / 236
Se eu dissesse / 237
Vou ficar de vez na porta deste cemitério / 237
À moda de Fernando Pessoa, quase Manuel Bandeira / 237
Canibalismo repensado / 238
Pedes explicação / 239
Edificando a morte / 239
Lingüística / 240
Desenhos de Picasso / 240
Debruçado sobre o mistério / 241
O que ficou / 241
Vivi 45 anos / 242
Para tigrão / 242
Meu cão / 243
Na 5.ª avenida / 243
Entrega / 244

Se estivesses aqui / 2 45
Fim de século / 245
Palavras e paisagens / 246
O morto cresce / 246
Iluminando / 247
Música nas cinzas / 247
A morte vizinha / 248
A bela do avião / 248
Remorso em Genebra / 249
Morte no jardim / 249
Esclerose amorosa / 250
Morte do vizinho / 251
Viva fera / 251
Amor de ostra / 251
Isto & história, 1968 / 252
Austin, 1976 / 252
De novo, os cupins / 253

Intermezzo italiano
Arqueologia / 253
Ristorante etruria / 254
Mais beleza, senhor / 254
Escavações / 255
O que sei dos etruscos / 255
Na praça de Florença / 256
Pier della Vigna / 256
Com Dante / 257
Gargonza / 257
Certaldo / 258
Entre castelos / 258
Luar na Toscana / 259
As idades do homem / 259
O Deus de Santa Fina / 259
San Geminiano / 260
Irei a Lucca, caminho do mar / 260
Alta noite em Mântova / 261
Carta a Virgílio / 261
Domingo nos campos da Toscana / 262
Em Veneza / 263

Pistóia / 263
Villa Serbelloni, Como / 264
Villa Serbelloni, primavera / 264
Villa Serbelloni, peônias / 264
Ninfa / 265
Dilema / 265
Poema tirado de "breve história da ciência" / 266
Poema tirado de um livro de ciências / 266
Poema tirado do jornal / 266
El espectador, Bogotá, 27.3.944 / 266
Poema desentranhado de uma entrevista de Segóvia / 267
Hamburg Hill / 267
Entendimento / 268
O telefone e o amigo morto / 268
Quando viajas / 270
Ansiedade, 1983 / 271
Se é paixão, me nego / 271
A letra e a morte / 272
Tumba celta / 273
Conferindo o tempo / 273
Aniversário no aeroporto / 274
Repassando / 275
Grécia, 1987 / 275
Flor & cultura / 277
Modigliani e eu / 277
Adágio de Mendelsohn / 277
Espada de Pizarro / 278
O olho do jaguar / 278
Amor e ódio / 279
A maravilha do mundo / 279
Estranhamento / 279
Arte mortal / 280
Batalha de Boyne, 1966 / 281
Lindinha / 281
Pós-amigo / 282
Musicalidades / 283
Concerto de Dvorák / 283
Alexander Dubcek: o guarda florestal / 284

Desconfiando / 284
Wild life / 285
Não estarei aqui em tardes como essas / 285
Sedução mortal / 286
Hopper / 286
Momentos de glória / 287
Ver o nada / 287
Biografia alheia / 288
Isto / 288
Os bois / 288
Cena na lagoa / 289
Batismo no Jordão / 289
A porta do Messias / 290
O músico de Auschwitz / 290
O Éden possível / 290
Viagens / 291
Cão poeta / 291
Da janela do hospital / 292
Darwin e eu / 292
O escriba Duker Dirite / 293
Unhas no papel / 293
Sutis, as palavras / 293
Para onde? / 294
Antes que escureça – 2 / 295
Presença-ausência / 295
Jardinagem / 296
Adolescência / 296
Amizades & exílios / 296
Enquete / 297
Presente vivo / 297
Um operário e seu desejo / 298
Diálogo com os mortos / 299
VIII Reunião de intelectuais latino-americanos durante o VIII Encontro de Chefes de Estado do continente, México, 1986 / 299
Vida aliterária / 300
Esgotamentos / 300
Preparação / 301

Epifania num bar de Aix / 301
Primavera em Aix / 302
Flores sem nome / 303
O pai / 303
Construção, 1967 / 306
Golpe literário / 306
A paineira e a favela / 307
Coisas básicas / 307
Coisas da primavera / 308
Significados / 308
O impossível acontece / 308
Fim / começo dos tempos / 309
Analfabético / 309

POLÍTICA E PAIXÃO (1984)

A IMPLOSÃO DA MENTIRA OU O EPISÓDIO DO RIOCENTRO

1

Mentiram-me. Mentiram-me ontem
e hoje mentem novamente. Mentem
de corpo e alma, completamente.
E mentem de maneira tão pungente
que acho que mentem sinceramente.

Mentem, sobretudo, impune/mente.
Não mentem tristes. Alegremente
mentem. Mentem tão nacional/mente
que acham que mentindo história afora
vão enganar a morte eterna/mente.

Mentem. Mentem e calam. Mas suas frases
falam. E desfilam de tal modo nuas
que mesmo um cego pode ver
a verdade em trapos pelas ruas.

Sei que a verdade é difícil
e para alguns é cara e escura.
Mas não se chega à verdade
pela mentira, nem à democracia
pela ditadura.

2

Evidente/mente a crer
nos que me mentem
uma flor nasceu em Hiroshima
e em Auschwitz havia um circo
permanente.

Mentem. Mentem caricatural-
mente:

mentem como a careca
mente ao pente,
mentem como a dentadura
mente ao dente,
mentem como a carroça
à besta em frente,
mentem como a doença
ao doente,
mentem clara/mente
como o espelho transparente.

Mentem deslavada/mente,
como nenhuma lavadeira mente
ao ver a nódoa sobre o linho. Mentem
com a cara limpa e nas mãos
o sangue quente. Mentem
ardente/mente como um doente
nos seus instantes de febre. Mentem
fabulosa/mente como o caçador que quer passar
gato por lebre. E nessa trilha de mentira
a caça é que caça o caçador
com a armadilha.

E assim cada qual
mente industrial? mente,
mente partidária? mente,
mente incivil? mente,
mente tropical? mente,
mente incontinente? mente,
mente hereditária? mente,
mente, mente, mente.
E de tanto mentir tão brava/mente
constroem um país
de mentira
        diaria/mente.

3

Mentem no passado. E no presente
passam a mentira a limpo. E no futuro
mentem novamente.

Mentem fazendo o sol girar
em torno à terra medieval/mente.
Por isto, desta vez, não é Galileu
quem mente,
mas o tribunal que o julga
herege/mente.

Mentem como se Colombo partin-
do do Ocidente para o Oriente
pudesse descobrir de mentira
um continente.

Mentem desde Cabral, em calmaria,
viajando pelo avesso, iludindo a corrente
em curso, transformando a história do país
num acidente de percurso.

4

Tanta mentira assim industriada
me faz partir para o deserto
penitente/mente, ou me exilar
com Mozart musical/mente em harpas
e oboés, como um solista vegetal
que sorve a vida indiferente.

Penso nos animais que nunca mentem,
mesmo se têm um caçador à sua frente.
Penso nos pássaros
cuja verdade do canto nos toca
matinalmente.
Penso nas flores
cuja verdade das cores escorre no mel
silvestremente.

Penso no sol que morre diariamente
jorrando luz, embora
tenha a noite pela frente.

5

Página branca onde escrevo. Único espaço
de verdade que me resta. Onde transcrevo

o arroubo, a esperança, e onde tarde
ou cedo deposito meu espanto e medo.
Para tanta mentira só mesmo um poema
explosivo-conotativo
onde o advérbio e o adjetivo não mentem
ao substantivo
e a rima rebenta a frase
numa explosão da verdade.

E a mentira repulsiva
se não explode pra fora
pra dentro explode
                implosiva.

A DANAÇÃO DE AGOSTO

Agosto, mês da raiva e do desgosto.
Eu, cão brasileiro, magro e raivoso
saio mordendo, como o povo
                – o próprio osso.

Ou será que mordo o próprio rabo,
tão faminto estou e tão danado?
Neste caso, não sou cão, sou cobra
que se devora num vicioso círculo
no chão, onde sobra boca
                – e falta pão.

Agosto, mês da danação
em que a nação uiva seus medos
aquartelando emoções.
Aos latidos deste mês
alguns se desesperam: um presidente
se matou (ou foi deposto),
outro renunciou
– babando ébrios remorsos.

Sim, agosto, não é mês de Augusto
– imperador de Roma, é mês de angústia
e coma, em que o César do Sul,

– a águia do Catete,
se deixou abater por um corvo
e seus cadetes.

Agosto, em que o tresloucado Janus
– bifronte criatura –
forçou na moldura o quadro,
meteu os pés pelas mãos
açulando a ditadura.

Há quem ache terrível abril.
Outros atravessam novembro
com a mão no rosto.
Em agosto, as fúrias desembestam
e fazem delirar o Brasil.

Há vacina contra agosto?
este mês que nos morde a alma e o bolso?
Quem mordeu o primeiro cão?
foi o Diabo? foi Judas? Adão?
Quem nos deu a original mordida
ou beijo
       – na maçã do rosto?

Ante a mordida de agosto
deve-se latir sozinho? ou em coro
num desgoverno de choros?
Que remédio dar à vítima?
Chamar o médico e a polícia?
Há primeiros socorros?
Quanto tempo agüenta o povo a prova
de sensibilidade ao soro?

A raiva é típica do cão?
O azar é típico de agosto?
Não. Também morcegos e ratos,
gatos e macacos
são capazes de mordedura,
mas se a hidrofobia ataca
o cão de guarda
– caímos na ditadura.

Cão tinhoso não anda aceso,
embora viva um interno inferno,
vaga apagado e escuro, com o rabo baixo
e orelha murcha ao pé do muro.

É duro ser cão de terceiro mundo,
cão mendigo, virando latas e bancos,
empestiado de dívidas, imundo,
batendo aflito em estranhas portas
e enxotado pelos fundos.

Porque agosto,
há um comício de cães danados
no latido dos jornais.
Porque agosto,
a "raiva paralítica" das praças
e a "raiva furiosa" das massas
podem se engatar em cópulas fatais.
Porque agosto,
lá vou eu, preso por ser cão,
preso por não ter pão,
e neste bestiário
mordo na própria sombra
a sombra do adversário.

Por isto,
cão operário rosno
pro meu salário,
que diariamente me come.
Cão patrão
vou salivando agosto e angústia
nas cercas do calendário.

Cão político
discurso louco pra lua,
lembrando os dias antigos
em que fui veterinário.
Cão Quixote
pego lápis e lança,
subo um caixote de rimas

e num comício de dentes
mordo o pé do presidente
e ao ministro das finanças
mordo-lhe a pança.

O poeta ensandeceu, está febril,
pegou o "vírus das ruas",
agosto mordeu-lhe o verso
e onde havia poesia
ladra agora a hidrofobia,
pois neste agosto de fúrias
somos todos cães danados
e o Brasil
       – um canil.

OS DESAPARECIDOS

De repente, naqueles dias, começaram
a desaparecer pessoas, estranhamente.
Desaparecia-se. Desaparecia-se muito
naqueles dias.

Ia-se colher a flor oferta
e se esvanecia.
Eclipsava-se entre um endereço e outro
ou no táxi que se ia.
Culpado ou não, sumia-se
ao regressar do escritório ou da orgia.
Entre um trago de conhaque
e um aceno de mão, o bebedor sumia.
Evaporava o pai
ao encontro da filha que não via.
Mães segurando filhos e compras,
gestantes com *tricots* ou grupos de estudantes
desapareciam.
Desapareciam amantes em pleno beijo
e médicos em meio à cirurgia.
Mecânicos se diluíam
– mal ligavam o torno do dia.

Desaparecia-se. Desaparecia-se muito
naqueles dias.

Desaparecia-se a olhos vistos
e não era miopia. Desaparecia-se
até à primeira vista. Bastava
que alguém visse um desaparecido
e o desaparecido desaparecia.
Desaparecia o mais conspícuo
e o mais obscuro sumia.
Até deputados e presidentes evanesciam.
Sacerdotes, igualmente, levitando
iam, aerefeitos, constatar no além
como os pecadores partiam.

Desaparecia-se. Desaparecia-se muito
naqueles dias.
            Os atores no palco
entre um gesto e outro, e os da platéia
enquanto riam.
            Não, não era fácil
ser poeta naqueles dias.
Porque os poetas, sobretudo
                      – desapareciam.

2

Se fosse ao tempo da Bíblia, eu diria
que carros de fogo arrebatavam os mais puros
em mística euforia. Não era. É ironia.
E os que estavam perto, em pânico, fingiam
que não viam. Se abstraíam.
Continuavam seu baralho a conversar demências
com o ausente, como se ele estivesse ali sorrindo
com suas roupas e dentes.

Em toda família à mesa havia
uma cadeira vazia, à qual se dirigiam.
Servia-se comida fria ao extinguido parente
e isto alimentava ficções
                  – nas salas e mentes

enquanto no palácio, remorsos vivos
boiavam
        – na sopa do presidente.

As flores olhando a cena, não compreendiam.
Indagavam dos pássaros, que emudeciam.
As janelas das casas, mal podiam crer
– no que não viam.
                As pedras, no entanto,
gravavam os nomes dos fantasmas
pois sabiam que quando chegasse a hora,
por serem pedras, falariam.

O desaparecido é como um rio:
– se tem nascente, tem foz.
Se teve corpo, tem ou terá voz.
Não há verme que em sua fome
roa totalmente um nome. O nome
habita as vísceras da fera
como a vítima corrói o algoz.

3

E surgiram sinais precisos
de que os desaparecidos, cansados
de desaparecerem vivos
iam aparecer mesmo mortos
florescendo com seus corpos
a primavera de ossos.

Brotavam troncos de árvore,
rios, insetos e nuvens
em cujo porte se viam
vestígios dos que sumiam.

Os desaparecidos, enfim,
amadureciam sua morte.

Desponta um dia uma tíbia
na crosta fria dos dias
e no subsolo da história

– coberto por duras botas,
faz-se amarga arqueologia.

A natureza, como a história,
segrega memória e vida
e cedo ou tarde desova
a verdade sobre a aurora.

Não há cova funda
que sepulte
            – a rasa covardia.
Não há túmulo que oculte
os frutos da rebeldia.

Cai um dia em desgraça
a mais torpe ditadura
quando os vivos saem à praça
e os mortos, da sepultura.

DIÁLOGO COM OS MORTOS

> *Os mortos governam os vivos.*
> (Provérbio antigo)

Hoje, dia de finados, acordo
e vou ao cemitério dialogar com os mortos.

Me assento solitário
no mármore do poema,
na cova rasa da história
e considero
            os mortos de outrora
e a vergonha de estar vivo agora.

Olho os mortos em torno:
há qualquer coisa estranha e dura
no vazio de seus rostos:
            – é vergonha,
é a calcinada amargura
segregada na solidão em que nos choram
do fundo da sepultura.

Certamente não sabiam
que mesmo depois de mortos
uma vez mais morreriam
de vergonha e humilhação.

Vou dialogar com os mortos
e descubro
que os vivos é que estão surdos.
Vou dialogar com os mortos
e escuto
que os vivos é que estão mudos.

– Podem os mortos em seus jazigos
emprestar sua voz aos vivos?
– Será preciso um comício
de cinza, círios e ossos
para resgatar
                              – os vivos mortos?
Mal formulo esse juízo, percebo
que me equivoco;

      – são os mortos que me assomam à porta
      sacudindo os ossos,
                              brandindo vozes
desenterrando em mim
                   – meus insepultos remorsos.

– O que é isso? dança macabra?
festa de bruxa? abracadabra?

– O que fazem na praça soltos
os mortos de nossa história?

– O que fazem expostos, fora
da cova da memória?

Que dia torto, esquisito,
onde o morto é que está vivo
chorando na praça, às claras,
a nossa escura desgraça.
– É carnaval? Funeral?

Na necrópole invertida
chacoalhando a morte e a vida
surgem os blocos do "aqui-jaz":
    – já vêm quase despidos
    os "Unidos de Carajás",

    – e dessangra na avenida
    o bloco atômico dos sujos
    dos "Poluídos de Angra",

    – surgem os "Famintos Herdeiros
    do Milagre Brasileiro",

    – dançando o maracatu
    os "Afogados de Itaipu",

    – horrendos de dar insônia
    "Os Vampiros da Amazônia",

    – dois blocos cheios de si,
    capengas como Saci:
    "Lenhadores da Capemi",
    "Tenentes de Tucuruí'",

    – fantasia premiada:
    "Virgem da Serra Pelada",

    – alegoria aclamada:
    "A Mulata Endividada",

    – fechando o cortejo, enfim,
    as três irmãs bailarinas:
    Coroa, Brastel, Delfin.

No mundo antigo
era em fevereiro, mês das saturnais romanas
que os mortos vinham às ruas
numa orgia eterna e humana.
Era também primavera
– festa da fecundação,
mesclava-se a morte à vida,
vivos e mortos viviam
em cósmica comunhão.

Embora Romano, não vivo em Roma.
Este é o Brasil. É novembro.
É pungente e é triste.
Chove desesperança
nesse avesso carnaval.

Os corpos estão aflitos,
caiados de branco, sem sol,
e o povo acompanha vivo
o seu próprio funeral.

Não quero ser coveiro, bruxo,
um Velho do Restelo, resmungando
sobre a passada glória. Queria,
como Píndaro, olímpico gravar
em ouro eterno a clara história.

Mas os de agora não ajudam.
São pífios, perfunctórios,
seus gestos não inspiram odes,
suas obras se queimam escuras
no fogo-fátuo das horas.

Diziam os sábios antigos:
– os mortos governam os vivos.
Mas na ironia da frase
descubro um outro sentido
ao contemplar meu país
num desgoverno aflitivo:

>
> os que deviam reinar
> estão sonâmbulos, perdidos
> em seus palácios sombrios,
> em seus esquifes de vidro
> olhando ao longe a nação.
> Não percebem que estão mortos.
> Começam a já mal-cheirar
> e, no entanto, se recusam
> a se deitar
>   – no caixão.

SOBRE A ATUAL VERGONHA DE SER BRASILEIRO

> *Projeto de Constituição atribuído a Capistrano de Abreu:*
> *Art. 1º – Todo brasileiro deve ter vergonha na cara.*
> *Parágrafo único:*
> *Revogam-se as disposições em contrário.*

Que vergonha, meu Deus! ser brasileiro
e estar crucificado num cruzeiro
erguido num monte de corrupção.

Antes nos matavam de porrada e choque
nas celas da subversão. Agora
nos matam de vergonha e fome
exibindo estatísticas na mão.

Estão zombando de mim. Não acredito.
Debocham a viva voz e por escrito.
É abrir jornal, lá vem desgosto.
Cada notícia
          – é um vídeo-tapa no rosto.

Cada vez é mais difícil ser brasileiro.
Cada vez é mais difícil ser cavalo
desse Exu perverso
               – nesse desgovernado terreiro.

Nunca vi tamanho abuso.
Estou confuso, obtuso,
com a razão em parafuso:
a honestidade saiu de moda,
a honra caiu de uso.

De hora em hora
a coisa piora:
arruinado o passado,
comprometido o presente,
vai-se o futuro à penhora.
Me lembra antiga história
daquele índio Atahualpa
ante Pizarro – o invasor,

enchendo de ouro a balança
com a ilusão de o seduzir
e conquistar seu amor.

Este é um país esquisito:
onde o ministro se demite
negando a demissão
e os discursos são inflados
pelos ventos da inflação.
Valei-nos Santo Cabral
nessa avessa calmaria
em forma de recessão
e na tempestade da fome
ensinai-me
       – a navegação.

Este é o país do diz e do desdiz,
onde o dito é desmentido
no mesmo instante em que é dito.
Não há lingüista e erudito
que apure o sentido inscrito
nesse discurso invertido.

Aqui
    o dito é o não-dito
    e já ninguém pergunta
    se será o Benedito.

Aqui
    o discurso se trunca:
    o sim é não,
    o não, talvez,
    o talvez
        – nunca.

Eis o sinal dos tempos:
    este o país produtor
    que tanto mais produz
    tanto mais é devedor.

    Um país exportador
    que quanto mais exporta

mais importante se torna
como país
        – mau pagador.

E, no entanto, há quem julgue
que somos um bloco alegre
do "Comigo Ninguém Pode",
quando somos um país de cornos mansos
cuja história vai dar bode.

Dar bode, já que nunca deu bolo,
tão prometido pros pobres
em meio a festas e alarde,
onde quem partiu, repartiu,
ficou com a maior parte
deixando pobre o Brasil.

Eis uma situação
totalmente pervertida:
– uma nação que é rica
consegue ficar falida,
– o ouro brota em nosso peito,
mas mendigamos com a mão,
– uma nação encarcerada
doa a chave ao carcereiro
para ficar na prisão.

Cada povo tem o governo que merece?
Ou cada povo
tem os ladrões a que enriquece?
Cada povo tem os ricos que o enobrecem?
Ou cada povo tem os pulhas
que o empobrecem?

O fato é que cada vez mais
mais se entristece esse povo
num rosário de contas e promessas,
num sobe e desce
        – de prantos e preces.

Ce n'est pas un pays sérieux!
já dizia o general.

O que somos afinal?
Um país pererê? folclórico?
tropical? misturando morte
e carnaval?

– Um povo de degradados?
– Filhos de degredados
largados no litoral?
– Um povo-macunaíma
sem caráter nacional?

Ou somos um conto de fardas
um engano fabuloso
narrado a um menino bobo,
– história de chapeuzinho
já na barriga do lobo?

Por que só nos contos de fada
os pobres fracos vencem os ricos ogres?
Por que os ricos dos países pobres
são pobres perto dos ricos
dos países ricos? Por que
os pobres ricos dos países pobres
não se aliam aos pobres dos países pobres
para enfrentar os ricos dos países ricos,
cada vez mais ricos,
mesmo quando investem nos países pobres?

Espelho, espelho meu!
há um país mais perdido que o meu?
Espelho, espelho meu!
há um governo mais omisso que o meu?
Espelho, espelho meu!
há um povo mais passivo que o meu?

E o espelho respondeu
algo que se perdeu
entre o inferno que padeço
e o desencanto do céu.

A CATEDRAL DE COLÔNIA (1985)

O DUPLO

Debaixo de minha mesa
tem sempre um cão faminto
                         – que me alimenta a tristeza.

Debaixo de minha cama
tem sempre um fantasma vivo
                         – que perturba quem me ama.

Debaixo de minha pele
alguém me olha esquisito
                         – pensando que eu sou ele.

Debaixo de minha escrita
há sangue em lugar de tinta
                         – e alguém calado que grita.

GRAFITOS BRASILEIROS

Que grafias e sinais
são esses
         que aparecem escritos
nos murais do dia?

São siglas de partido?
Mensagens do inimigo?
Nomes de remédio?
Ou fórmulas de suicídio
e tédio?

        Que sentido podem ter
VROG
     ZAG
         DIG
     NAP
        CHOK
            LYCK?

Que língua sabe o som
dessa LANG
 DUC
  e KON?

São garatujas do pasmo
de uma geração excitada
com seu precoce orgasmo?
São signos apocalípticos
ou logotipos do caos?

São linossigno do medo?
Alfabeto de brinquedo?
São rebelião de letras
num estranho carnaval?
São um jornal sucinto
do fim do século vinte?
Ou *in hoc signo vinci*
de algum santo-e-general?
Será que têm sentido remoto
e ignoto
 como LERFA MU
  PAGG EGG
  ZOIDE ASPEN
  e CELACANTO
  PROVOCA MAREMOTO?
Será a velha "língua do P"
em sintagmas partidos, dizendo
mais a quem os vê que a ideologia
do PT e PDT, discursando a velha história
do PC e CCC, CGT e TFP?
Ou são aquela utopia
explodida pelos ares
estilhaços de
 POLOP
  AP
MR-8
 VAR-PALMARES?
Doem mais do que doía

o codinome arrancado
ao enfrentar DOI-CODI
						SNI
							e CENIMAR?
São marcas do ferro em brasa
sobre as carnes do boi-dia,
berrando no entardecer
as letras da mais-valia?
São carimbos e rubricas
burocratizando as vias?
Têm algo a ver com PIS-PASEP
CEP e CLT?

2

Desde a infância
olhando o céu – com os crentes
via riscos de cometas
anjos incandescentes
constelações de sentido
estrelas e aviões
					cadentes
fogos de artifício, e, só depois,
a guerra e seus suplícios:
RAF
   III REICH
					LUFTWAFFE
								FEB
									FAB
										e V-2.
Desde a infância eu aprendi,
com o profeta Daniel, a ler
a mão de Deus inscrevendo o nosso fim:
      MENE
      MENE
      TEKEL
      URFAZIM.
Por que não posso ler a letra
que solerte está no muro?

Por que, mudo, mal soletro
a instância da letra em mim?
Então já não aprendi a arte
medieval e *pop,* a ler
demônios de Bosch
nas tatuagens do *rock?*
E no aqui e no agora
a ler o *hic et nunc*
misturado ao grito *punk?*
Por que não posso sorver o leite
e as letras garrafais
no seio da camiseta?
Por que inda quebro a cabeça
nessa Pedra de Roseta?
Sou Champollion pervertido
ao redor do próprio umbigo?
Por que me perco nos textos
que eu próprio escrevo e leio
como se fossem
                hieroglifos alheios?
Quem será que canhestro
tece o estranho texto
nessa Torre de Babel?
Quem compõe essa barroca
algaravia?
Quem refaz no palimpsesto
o texto novo, como a abelha
a cera e o mel?

Ninguém sabe ou saberia.
Nem este pobre poeta
ou o profeta Daniel.
                Mas todo dia
a nova escrita se inscreve
sobre os muros da cidade,
nos desafia a leitura
                – quando clareia o céu.

DE QUE RIEM OS PODEROSOS?

De que riem os poderosos?
tão gordos e melosos?
tão cientes e ociosos?
tão eternos e onerosos?

Por que riem atrozes
como olímpicos algozes,
enfiando em nossos tímpanos
seus alaridos e vozes?

De que ri o sinistro ministro
com sua melosa angústia
e gordurosa fala?
Por que tão eufemístico
exibe um riso político
com seus números e levíticos,
com recursos estatísticos
fingindo gerar o gênesis,
mas criando o apocalipse?

Riem místicos? ou terrenos
riem, com seus mistérios gozosos,
esses que fraudulentos
se assentam flatulentos
em seus misteres gasosos?

Riem sem dó? em dó maior?
ou operísticos gargalham
aos gritos como gralhas
até ter dor no peito,
até dar nó nas tripas
em desrespeito?
Ah, como esse riso de ogre
empesteia de enxofre
o desjejum do pobre.

Riem à tripa forra?
riem só com a boca?
riem sobre a magreza dos súditos

famintos de realeza?
riem na entrada
e riem mais
          – na sobremesa?

Mas se tanto riem juntos
por que choram a sós,
convertendo o eu dos outros
num cordão de tristes nós?

EM BERLIM, A TRAVESSIA

Os rios não têm ideologia.

Têm fezes, peixes, flores
escorrendo em água fria.
Mas em Berlim, um rio
tem estranha anomalia:
cercas, muros, limites,
cortam-lhe a alma
e a geografia.

Podem as águas ter fronteiras,
mudar de cor com as bandeiras
e carimbar seu passaporte de algas
nas barreiras?

Os rios não têm ideologia.
Como os pássaros, suas águas
têm uma linguagem sonora,
líquidas vogais decolam da garganta
consoante a dor e a hora.

Não se pode deter, aprisionar
atrás de um muro, no escuro,
aquele que só ao mar se entregaria.
Se ele pára, transborda
a crina verde das ondas,
salta em cavalos de força
num turbilhão de energia.

Os rios detestam burocracia.
Não protocolam seus peixes
nem arquivam os sonhos mortos
dos que nele se afogaram um dia.

Os rios não têm ideologia.
E em Berlim, um rio, entre ferros,
nos dá lições de alforria.
Ele flui, malgrado as grades.
Ele flui sua rebeldia
e nos ensina
              que no sertão
ou em Berlim
o que importa
              – é a travessia.

ASAS DE VERÃO

De minha janela vejo
homens que voam
                    sobre
a miséria azul
e verde da cidade.

Os homens voam.
Não é miragem.
Pilotam com seu corpo as nuvens
numa ousada poetagem.

O dia é límpido.
E eles lá no azul
circulando seu verão.

Quantos? Não sei.
O dia é límpido
acima do chão.

De minha janela vejo
homens, que sem pejo
voejam o seu desejo

sobre o azulejo verde
e azul dessa cidade,
que se abre ao sol
e ao beijo.

Sigo-os com os olhos,
como com os olhos sigo
o pivete que arrebata
a pulseira e o anel turista
e olímpico com seu troféu
sobe a favela com as asas
nos pés,
        pulsante,
                anelante,
até que rastejante
se enfie como cupim
nas madeiras do podre instante.

2

Poeta pedestre
afeito apenas à pilotagem aérea
de meus versos,
há muito não me espanto
que alguns possam voar.
Só não entendo
que enquanto alguns voam
outros devam
        – rastejar.

Nem me habituo
a que alguns abram as asas de santo
sobre nossas casas
                e outros num canto
abram a boca cheia
                de fome e espanto.

O homem-asa: gaivota
e o pivete: urubu
sobrevoam meu domingo
sujo e azul.

Um voa no céu afora,
outro no chão adentro
se esconde como tatu.

Lá vão eles: num cortejo
de abelhas sugando
o azul do céu,
num arpejo de asas
num solfejo de cigarras
tocando o realejo
do alienado verão.

São anjos da anunciação?
Por que passam ao largo do presépio
onde um menino nasce
em plena humilhação?

Cá embaixo, formiga o desejo
do pivete-caranguejo
                ou percevejo.
Ele vai-e-vem na toca
recolhendo o sobejo alheio
no varejo da agressão.

3

Tento estudar, cuidar das plantas,
pintar a mesa do jardim. Mas os homens
           voam
    revoam
                voam
como se seguissem a flauta alada de Jobim.
Voam
     no Dois Irmãos
              voam
                     na Gávea

Voam
     no Leblon
           voam
              re
           voam
                no Arpoador

e a revoar
       vão
          como mariposas
rondando as velas acesas sobre o mar.
Os homens voam. Alguns poucos, é verdade.
O suficiente, porém, para tirar meus olhos
do verme no jardim
               ou para que eu perceba
o verme que corrói o azul em mim.

4

Neste domingo
todas as cabeças sexo-pensantes de Ipanema
mantêm a alma em levitação
               olhando para cima,
               olhando para o chão,
               com a alma azul canora
               lavada na canção.

No tempo de eu menino, lá em Minas
diversos eram o domingo e a aviação.
Em torno de minhas têmporas
voavam demônios e arcanjos em peleja
rondando o púlpito da igreja,
ou então caíam cantáridas e cupins
no entardecer da sopa sobre a mesa.

Eu, homem das montanhas,
               ansiei sempre
a montanha ultrapassar. Só não entendo
que asa é essa que não tive
que me fez cair à beira-mar.

Deste terraço
       sei que meu verso também voa
       sobre a miséria azul e verde da cidade
       repartida no espelho do verão.
       E voa baixo o meu verso, ao rés-do-chão.
       Daí a dupla náusea na ambígua navegação.

Vôo de modo estranho. Vôo
com o coração, vôo
em dia claro
        e melhor vôo
na escuridão.

VAI, ANO VELHO

Vai, ano velho, vai de vez,
vai com tuas dívidas
e dúvidas, vai, dobra a ex-
quina da sorte, e no trinta e um,
à meia-noite, esgota o copo
e a culpa do que nem me lembro
e me cravou entre janeiro e dezembro.

Vai, leva tudo: destroços,
ossos, fotos de presidentes,
beijos de atrizes, enchentes,
secas, suspiros, jornais.
Vade retrum, pra trás,
leva pra escuridão
quem me assaltou o carro,
a casa e o coração.
Não quero te ver mais,
só daqui a anos, nos anais,
nas fotos do nunca-mais.

Vem, Ano Novo, vem veloz,
vem em quadrigas, aladas, antigas
ou jatos de luz moderna, vem,
paira, desce, habita em nós,
vem com cavalhadas, folias, reisados,
fitas multicores, rebecas,
vem com uva e mel e desperta
em nosso corpo a alegria,
escancara a alma, a poesia,
e, por um instante, estanca
o verso real, perverso,

e sacia em nós a fome
— de utopia.

Vem na areia da ampulheta como a
semente que contivesse outra se-
mente que contivesse ou-
tra semente ou pérola
na casca da ostra
como se
se
outra se-
mente pudesse
nascer do corpo e mente
ou do umbigo da gente como o ovo
o Sol a gema do Ano Novo que rompesse
a placenta da noite em viva flor luminescente.

Adeus, tristeza: a vida
é uma caixa chinesa
de onde brota a manhã.
Agora
é recomeçar.
A utopia é urgente.
Entre flores de urânio
é permitido sonhar.

O SUICIDA

O suicídio
não é algo pessoal.
Todo suicida
            nos leva
ao nosso funeral.

O suicida
não é só cruel consigo.
É cruel, como cruel
só sabe ser
        — o melhor amigo.

O suicida
é aquele que pensa
matar seu corpo a sós.
Mas o seu eu se enforca
num cordão de muitos nós.

O suicida
não se mata em nossas costas.
Mata-se em nossa frente,
usando seu próprio corpo
dentro de nossa mente.

O suicida
não é o operário.
É o próprio industrial, em greve.

É o patrão
que vai aonde
o operário não se atreve.

Todo homem é mortal.
Mas alguns, mais que outros,
fazem da morte
              – um ritual.

O suicida, por exemplo,
é um vivo acidental.
É o general
que se equivocou de inimigo
e cravou sua espada
na raiz do próprio umbigo.
Mais que o espectador
que saiu no entreato,
o suicida
      é um ator
que questionou o teatro.

O suicida
é um retratista
que às claras se revela.
Ao expor seu negativo,

queima o retrato
>   – e se vela.

O suicida, enfim,
é um poeta perverso
e original
que interrompeu seu poema
antes do ponto final.

O DESCENDENTE DA UTOPIA

1

A noite acende o cadáver do dia em minha sala.
> Me assento junto dele
> como de um parente
> que veio de longe
> para morrer por mim:
> – dia guerrilheiro,
> – atropelado caminhante,
> – poeta enfermo de memória,
> tanto é teu peso

que nem todos os criados da casa juntos
poderão levar-te inteiro
>   – à cova da madrugada.

Não poderei desligar a TV e a consciência,
escovar os dentes, ajeitar os sentimentos
e os objetos à cabeceira da cama
e ir dormir em paz.
>   De novo
uma vez mais, a guerra alheia
corroeu-me a paz da sala,
interpôs-se entre meu corpo
e o corpo da mulher que amo.

Uma vez mais, Rolando, em Roncesvales,
rolou com seu cavalo nos desvãos da história.
Alexandre morreu na Guatemala,
Spartacus está acuado em Angola,

embora Marco Pólo desembarque em Genebra
com sua mais nova fórmula.

– Quem irá à Nicarágua perder/ganhar
sua vida? Quem irá a El Salvador
ou Afeganistão? Quem jogará por mim
seu corpo contra os tanques do rei mongol?

2

Devo ter tido um dia muito duro.
Eu
   Giordano Bruno e Joana D'Arc
expondo em praça pública
   a fogueira
              – que em nossos corpos ardia.
Eu
   Beethoven e Schubert
   na pauta surda do crepúsculo
   vendo inacabar-se em trevas
   a sinfonia do dia.
Eu
   e aqueles argelinos pardos, pobres,
   nordestinos
         que vi vagando
pelo porto de Marselha, olhando
sobre o Mediterrâneo o horizonte
onde uma certa aldeia existe
e aí existem risos de crianças,
falas de mulheres e um certo cheiro
de comida agreste recendendo
                      à flor da pele.

3

Amanhã,
      eu sei que estarão de novo em jogo
a esperança e o povo. De novo a Polônia
virá com seus desconcertos
de pianos e guetos, suas sonatas e sindicatos,

suas estátuas, balas e botas
e o incêndio dos poemas.

Bem que eu gostaria que dez milhões de operários
                solidários
                solitários
resolvessem a minha covardia
e se lançassem contra as lanças do Czar,
como estimei que os aliados desembarcassem
por mim na Normandia, libertassem Paris,
porque eu era pequeno e não podia.

Percebo que o amanhã é uma palavra
que se acende no escuro da poesia.
Devo ter tido um dia muito duro
para te saudar assim, utopia.
                        Logo eu,
crivado de razões.
                Utopia – luminosa rebelião,
                outrora
                        pensei-te fuga,
                                    alienação,
                de repente, descubro
                teu poder de combustão.

SOBRE CERTAS DIFICULDADES ATUAIS

Não está nada fácil ser poeta nestes dias.

Não falo da venda de livros de poesia
– que se poesia é isto que aí está,
o público tem razão
                      – nem eu mesmo compraria.

De um lado,
        um bando de narcisos desunidos,
        ressentidos,
        com vocação noturna de suicidas,
de outro,
        os generais com seus suplícios

     pensando que comandam os industriais,
     que, comandados,
         comandam os generais
    de que precisam.

Não,
não está nada fácil ser poeta nestes dias.
Seja
  palestino,
  libanês,
  argentino,
  chileno,
  sul-africano,
  ou irlandês,
não está nada fácil ser poeta nestes dias.

Sem dúvida, é mais fácil e inútil
ser poeta americano e francês,
com muito sanduíche e vinhos
e muito prazer burguês.

Não,
não é nada fácil ser poeta índio nestes dias.
Tão difícil quanto ser poeta polonês e afegão.
Não, não é nada fácil
ser um poeta, dividido, alemão.
Na Rússia, talvez haja poeta proletário
contente com o recalcado medo
e seu profissional salário.
De qualquer jeito
nunca foi fácil ser poeta
num regime autoritário.

Não está nada fácil ser poeta nestes dias.
Não está nada fácil ser poeta noite e dia.
Não está nada fácil ser poeta da alegria.
Não,
não está nada fácil ser poeta
         e brasileiro
nestes dias.

O TORTURADO E SEU TORTURADOR

Apanhado em meio à noite,
jogado ao chão da cela,
o corpo nu conhece
a primeira humilhação.
Outras virão: o soco,
o choque, a ameaça,
o urro na escuridão.

– Quantos *volts*
suporta um corpo
                 – em coação,
até que dele escorra o fel
da delação?

– O que procura o tortura/dor
nas pedras do rim alheio
como vil minera/dor?
– O que ama esse ama/dor
da morte?
          esse morcego suga/dor
sob os porões da corte?
          esse joga/dor
do jogo bruto
     e cria/dor do luto?

O tortura/dor se sente, e acaso o é,
um trabalha/dor diferente:
seu trabalho é destruir
o sonha/dor insistente,
como o médico que resolvesse
matar de dor
             – o cliente.

Sob a tortura
o que há de melhor no homem
jamais se manifesta. Quando muito
podeis catar no chão

o pouco que dele resta.
Mas soltai-o em festa, ao sol,
e vereis que a verdade
de seus gestos se irradia.
Livre,
       vestindo a pele do dia,
o torturado caminha
com seu corpo tatuado
de violência e poesia.

Mas ele não marcha só.
Apenas segue na frente
na direção da utopia.

EPPUR SI MUOVE

para Leonardo e Clodovis Boff

Não se pode calar um homem.
Tirem-lhe a voz, restará o nome.
Tirem-lhe o nome
e em nossa boca restará
a sua antiga fome.

Matar, sim, se pode.
Se pode matar um homem.
Mas sua voz, como os peixes,
nada contra a corrente
a procriar verdades novas
na direção contrária à foz.

Mente quem fala que quem cala consente.
Quem cala, às vezes, re-sente.
Por trás dos muros dos dentes,
edifica-se um discurso transparente.

Um homem não se cala
com um tiro ou mordaça. A ameaça
só faz falar nele
o que nele está latente.

Ninguém cala ninguém,

pois existe o inconsciente.
Só se deixa enganar assim
quem age medievalmente.

Como se faz para calar o vento
quando ele sopra
com a força do pensamento?
Não se pode cassar a palavra a um homem,
como se caçam às feras o pêlo e o chifre
na emboscada das savanas.
Não se pode, como a um pássaro,
aprisionar a voz humana.
A gaiola só é prisão
para quem não entende
a liberdade do não.
Se a palavra é uma chave,
que fala de prisão, o silêncio
é uma ave
            – que canta na escuridão.

A ausência da voz
é, mesmo assim, um discurso.
É como um rio vazio, cujas margens sem água
dão notícia de seu curso.

No princípio era o Verbo
– bem se pode interpretar:
no princípio era o Verbo
e o Verbo do silêncio
só fazia verberar.
Na verdade, na verdade vos digo:
mais perturbador que a fala do sábio
é seu sábio silêncio,
                  con-sentido.

O que fazer de um discurso interrompido?
Hibernou? Secou na boca, contido?
Ah, o silêncio é um discurso invertido,
modo de falar alto
            – o proibido.

O silêncio
          depois da fala
não é mais inteiro.
Passa a ter duplo sentido.
É como o fruto proibido, comido
não pela boca,
mas pela fome do ouvido.

Se um silêncio é demais,
quando é de dois, geminado,
mais que silêncio
                – é perigo,
é uma forma de ruído.

Por isto que o silêncio
da consciência,
quando passa a ser ouvido
não é silêncio
          – é estampido.

PANIS ET CIRCENSIS

Em Roma
          éramos cinco
          num jantar finíssimo
          entre cristais, prata,
          nácar, opalinas, corais,
          estatuetas de âmbar
          e barrocos espelhos
                              quando
          a artimanhosa voz de uma matrona
                                        decadente
          personagem de Fellini
                              gesticulando
          esoterismos e magias
          numa fala cheia de anéis e dedos
                                        sobrenadando
          nos problemas sociais
          e ainda rodando seu *fuet*

na taça de champanhe
faz confissão pungente:
– Eu sei que a África é notícia mas não consigo me acostumar
[com negros ao redor, embora sejam tão convenientes...

Vou à janela.
        Contemplo as ruínas romanas. Pesaroso
        suspiro
                rolando meu copo de angústia
                e gelo. É isso a humanidade:
                não tem jeito,
                não aprende,
                não quer ajuda
                e finge que sabe tudo.

Sobre a mesa um jornal se dobra com a morte de Aldo Moro.
Terrorismo e Brigadas Vermelhas bóiam em nosso cálice,
enquanto das cadeiras de veludo, colares e línguas de ouro
contam seu último verão em Capri.

Da janela
        contemplo as ruínas romanas.
Estou no ano 343 de nossa era.
Vejo sombras assassinas se esgueirando
entre as pedras,
                se ocultando à sentinela.
É Alarico
        é Aníbal
                ou são os bárbaros germânicos
que escalam o fausto da sala e num salto
arremetem em fúria iconoclasta sobre nossos corpos
e riem
        e bebem com alarde em nossos copos
sua glória momentânea
                antegozando
suas fotos marginais sobre os jornais da tarde.

POLONAISE EM FORMA DE CRUZ

    Solidário
    Solitário
    o operário
    polonês
olha a história na cara
e descobre o adversário.

    Solidário
    Solitário
    o operário
    polonês
pára a ditadura no tempo
e refaz seu calendário.

    Solidário
    Solitário
    o operário
    polonês
descobre a diferença
entre a ordem e o ordinário.
    Solidário
    Solitário
    o operário
    polonês
irrompe em cena aberta
e reconstrói o cenário.

    Solidário
    Solitário
    o operário
    polonês
recusa o discurso alheio
e reinventa o dicionário.

    Solidário
    Solitário
    o operário
    polonês

recompõe o seu presente
entre o eterno e o precário.

> Solidário
> Solitário
> o operário
> polonês
> semeia em cruz suas flores
> e crava em nós seu calvário.

O MASSACRE DOS INOCENTES OU UM MISTÉRIO BÍBLICO NA AMÉRICA CENTRAL

Herodes – o Tetrarca,
                mudou de terra
                mudou de tática
Não ordena mais a degola dos recém-nascidos
de forma anárquica.

Deixa-os crescer
                nas selvas de El Salvador
                            e Nicarágua
com suas gargantas trágicas.

Deixa que amadureçam seus músculos
nas folhagens da guerrilha.

Deixa que os sonhos verdes da utopia
cresçam na jovem barba dos messias.

Só, então, solta seus exércitos
com cimitarras mercenárias
que degolam a aurora aos gritos
ensangüentando as manjedouras das vilas.

Herodes
        mudou de nome
        mas não mudou de infâmia.
Por isto, José, Maria e o Filho

em vez de fugir pro Egito
sobem a montanha com seu rifle.

Tal é o mistério
tropical-medieval.
Os reis magos estão perdidos no deserto.
Os pastores ouvem cantos contraditórios de arcanjos
que desorientam seus rebanhos.
E no alto
        brilha vermelha e enigmática
                            uma dura estrela.

O JOGO DA TERRA ALHEIA

O povo que não tem pátria, patriota,
combate o povo que ontem nem pátria tinha.
E o fato é que o mais fraco
vai de novo pagar o pato
sem que se saiba ao certo
se o ovo nasceu primeiro
ou se, ao contrário, a galinha.

É isto fábula de rato e gato?
história de cordeiro e lobo?
De fato o povo que outrora
não tinha pátria
combateu em pátria alheia
para ter sua própria pátria.
Agora na pátria própria
combatem em alheia pátria
os que, sem pátria, combatem
pra ter, enfim, pátria própria.

Não se sabe por que não podem
compartir a própria pátria
esses que compartem a pátria alheia.
São aranhas enredadas
no ódio da própria teia?
Por que não compartem terra e céu
como as flores e pássaros

compartem a aldeia?
Há fim? há princípio?
nesta história redonda e torta?
Por que não compartem a sorte
e a vida, esses compatriotas
do horror e morte? Além do mais
se há tanto tempo compartem a guerra
por que não podem compartir a paz?

MADRUGADA ALEMÃ

Enquanto muitos dormem,
trens, navios e aviões avançam noite adentro
carreando corpos que também dormem,
enquanto pilotos nos governam
seguindo a luz vermelha dos aeroportos.

Como um comboio noturno
meu corpo parado avança
em meio a insônia e vigília,
                            avança
acuado para a morte,
onde desembarcarei
                   – desatando correias de barro.

– Como desesperados cantam os pássaros na madrugada!
Tenho-os ouvido desde há muito.
Eu na cama, insone e ingente, e eles
perfurando a noite com seus cantos.

            Aqui
respondo com esses versos
à alvorada sonora de suas plumas.
Deve ser assim
que os poetas se inscrevem
entre as ramagens dos fatos,
pois muitos poemas nos chegam
rajados de sangue e aurora
por entre as frestas do tempo.

– O que faz um pássaro em nós cantar tão ferozmente?

O METAPEIXE

Ao abrir com a faca
um peixe na cozinha da manhã
                              minha mulher
achou dentro do peixe
                    vários peixes:
um ainda com o rabo entalado
na garganta do glutão
                         outro na barriga
e outro
      no fim da digestão.

A faca brilha sob a água da torneira
que descerra várias vidas nas vísceras feridas.

Em breve o metapeixe
(como uma caixa chinesa)
com seus peixes embutidos,
sobre a mesa será servido,
até chegar à barriga de minhas filhas.

Compungidos
              deglutimos o deglutidor assassino
sem perceber que um outro peixe
                                   invisível
cumprindo a cronofagia
movimenta a guelra dos meses,
as presas e barbatanas da semana
e nos deglute
            – sobre o mármore dos dias.

DE UM LIVRO DE KRISTEVA

Por 10 séculos as mulheres chinesas
andaram com seus pés enfaixados
e por 10 séculos os poetas os chamaram
de "lírio de ouro" e "lírio perfumado".

No entanto, desde a Quinta Dinastia, outras mulheres
– as guerreiras, com seus velozes cavalos,

cruzavam as estepes e campos de batalha,
não com panelas de cozinha,
mas com seus pés alados
e aguçadas adagas e espadas.

Eram exceção, bem sei.
Porque a tortura de quebrar artelhos
de meninas
não fez apenas que andassem 10 metros
atrás do homem
ou ficassem atadas aos domésticos misteres,
mas, na China, por 10 séculos
impediu a dança das mulheres.

NUM HOTEL

Quando ela – a fêmea,
apareceu na borda da piscina,
nós – os machos,
nos alvoroçamos todos.

Agitaram-se as galhadas de chifres
em nossas testas
e nossos cascos golpearam
os azulejos da floresta.

Ali
   a fêmea exposta
com sua pele e pêlo
sob as folhas do maiô.

Aqui
      os machos tensos
eriçando copos e frases
em ostensiva atitude
de animal cobridor.

Tudo, então, se fez em ritual:
o desejo desbordou
dos poros da piscina
preenchendo o azul vazio,

enquanto os corpos e objetos
se farejavam no ar verde
seguindo
o cheiro morno do cio.

AMOR VEGETAL

Não creio que as árvores
fiquem em pé, em solidão, durante a noite.
Elas se amam. E entre as ramagens e raízes
se entreabrem em copas
em carícias extensivas.
Quando amanhece,
não é o cantar de pássaros que pousa em meus ouvidos,
mas o que restou na aurora
de seus agrestes gemidos.

BANDEIRA, TALVEZ

Como são belas as mulheres!

Pensei
       que me casando com uma delas
       penetraria de vez esse mistério
       entre seus cabelos e pernas.

Engano. Minha mulher me abre a porta
de seu corpo
        e me abisma
num labirinto de espelhos.

E é tão diversa e sedutora,
que eu a traio nela mesma
num sucessivo adultério.

Inútil pensar que é do verão,
               da moda,
               da nudez
jogada sobre as praias

ou do inverno
>> na tepidez dos pêlos.

Na verdade, desde o tempo dos sumérios
me extasio
ante o aliciante mistério das mulheres.
Por isso posso contemplá-las toda a vida
ou seis mil anos,
>> – sem fadiga.

A beleza é um grito,
>> é um fruto,
a beleza é um vício
>> é um mergulho vivo
>> >> – no infinito.

OS AMANTES

Os amantes, em geral,
passam noites inteiras
inquietos e ansiosos
– também eu.

Os amantes, em geral,
choram sobre as cartas,
dão telefonemas aflitos
– como eu.

Os amantes, em geral,
são afoitos, egoístas
e mal pensam a sorte alheia
– como eu.

Os amantes, em geral,
passam horas figurando
o corpo amado,
curvas, gestos, preferências
– como eu.

Os amantes, em geral,
são patetas, maus estetas,

fazem versos ruins
e se chamam poetas
– como eu.

CATANDO OS CACOS DO CAOS

Catar os cacos do caos
como quem cata no deserto
o cacto
      – como se fosse flor.
Catar os restos e ossos
da utopia
      como de porta em porta
o lixeiro apanha
detritos da festa fria
e o pobre no crepúsculo
se aquece na fogueira erguida
com os destroços do dia.

Catar a verdade contida
em cada concha de mão,
como o mendigo cata as pulgas
no pêlo
      – do dia cão.

Recortar o sentido
como o alfaiate-artista,
costurá-lo pelo avesso
com a inconsútil emenda
à vista.

Como o arqueólogo
reunir os fragmentos,
como se ao vento
se pudessem pedir as flores
despetaladas no tempo.

Catar os cacos de Dioniso
e Baco, no mosaico antigo
e no copo seco erguido

beber o vinho
ou sangue vertido.

Catar os cacos de Orfeu partido
pela paixão das bacantes
e com Prometeu refazer
o fígado
       – como era antes.

Catar palavras cortantes
no rio do escuro instante
e descobrir nessas pedras
o brilho do diamante.

É um quebra-cabeça?
              Então
de cabeça quebrada vamos
sobre a parede do nada
deixar gravada a emoção.

      Cacos de mim.
      Cacos do não.
      Cacos do sim.
      Cacos do antes.
      Cacos do fim.

Não é dentro
            nem fora
embora seja dentro e fora
            no nunca e a toda hora
que violento
            o sentido nos deflora.

Catar os cacos
do presente e outrora
e enfrentar a noite
com o vitral da aurora.

A LUA É DIFERENTE

As estrelas
        caem
            ou se destroem
na escuridão de nossos olhos sobre o tempo.

A Lua, não. Ela renasce
e morre
        e pungente ilumina as colheitas
         inchando os seios das marés adolescentes.

Inútil querer lembrar
de todos os luares nos quintais da infância
e das mulheres que despi na areia.
Exigiria livros. E os livros
têm manchas, lacunas, dragões, neblinas,
escondem a noturna face
                      como a Lua
e muitos foram queimados
                      para sempre
à insânia do Deus Sol.

Não a Lua,
        cujo brilho independe dos reis.

Não a Lua,
        cujo brilho nos vem depois que se suicida o Sol.

O Sol, como a um Deus,
não se pode olhar de frente,
só com óculos turistas
ou nos eclipses de consciência
da vista.

Mas a Lua se oferece
como espelho
            eterno
e internamente.

FLORAL

É isto. É primavera.
Estou feliz, em febre.
Outros
       politizam suas dores.
Eu
me polenizo
ou polemizo
          – com as flores.

O AMOR, A CASA E OS OBJETOS

O amor mantém ligados os objetos.
Cada um na sua luz,
no seu restrito ou volumoso
               – modo de ser.

O amor, e só o amor, arquiteta
paredes duplas, vigas mestras, telhas vãs,
condutos e portas, justapondo
à luz interna o sol exterior.

Quando há amor, os objetos
tornam-se suaves. Não há asperezas
em suas formas e frases.

Como um gato, o corpo
passeia entre arestas e não se fere.
Nada lhe é hostil.
Nada é obstáculo.
Nada está perdido
no trânsito da casa.

É como se o corpo, além de frutas e flores,
mesmo parado, criasse asas.

Daí uma certa displicência dos objetos
                            na mesa
                     na estante
                          no chão

como corpos derramados nos tapetes
                              ou cama,
que esta é a forma de estar
quando se ama.
O que não for isto, não é amor.
É ordem exterior às coisas.
Pois quando amamos, os objetos nos olham
sem inveja. Antes, secretas glórias afloram de suas formas
como o corpo aflora os lábios,
e a poltrona, o pêlo de sua fauna, aflora.

As casas têm raízes
                quando há amor.
Até ratos, baratas e cavalos,
além de plantas e pássaros
antenam vibrações nos subterrâneos
da casa de quem ama.

O corpo trescala aroma após o banho,
almíscar flui dos sexos, alfazema
banha os gestos. Enrolados em suas toalhas
os corpos como as ondas
se desmancham em orgasmos no lençol da tarde.

Os objetos entendem os homens, quando há amor.
Vão às festas e guerras, e se acaso
suicidam caindo das prateleiras
são capazes de ostentar sua vida
mesmo numa natureza-morta.

O amor não submete, o amor permeia
cada coisa em seu lugar e, como o Sol,
passeia iluminando as espirais de ouro e prata
que decoram nossos corpos.

Não há limite entre a casa e o mundo, quando há amor.
Os amantes invadem tudo a toda hora
e a paisagem do mundo à paisagem da casa
se incorpora.

MÚSICA DE AUSTIN

1. *Tema:*
   Mais de uma vez, no *campus,* um estudante cego e negro
   passou por mim sozinho
                    com a bengala tateando seu caminho.

2. *Improviso:*
   Cego não é este que avança por seus passos,
   mas aquele que por mais que ande não vai
   a alguma parte.

3. *Fuga*:
   Cego de amor
           cruzo meus passos por matinais tulipas,
           azaléias, violetas e jasmins.
   De repente
        na ausência da amada
        se transforma em cores o negrume
        e a pele de meus olhos
                    tem perfume.

DESEJO ACESO

O desejo não pergunta. Perturba
e quer realização.
Posso abrir a braguilha dessa calça
tomar o sexo na mão, tentando,
convulso, acalentá-lo
enquanto meu corpo contempla
a vitrina de outros corpos
em tensa solidão.

O desejo quer satisfação.
Se eu saísse pelos bares,
telefonasse, dobrasse
a esquina de outros rostos,
se eu escalasse palcos, saunas, revistas,
numa afoita obsessão, poderia,
provisoriamente,
resolver a inquietação.

O que é isso
que me faz passar por tolo
num precipitar de gestos
sem contenção?
            Por que não posso
com os santos, na fogueira, serenamente
olhar de fora,
         indiferente,
meu desejo em combustão?

IRONIA CANIBAL

Pelas minhas contas, devo
ter comido, até hoje, 4.237 frangos e galinhas,
22 bois
e exaurido um pequeno lago de lulas,
                    trutas,
                    ostras,
                    lagostas
                    e sardinhas.

Passarinhos, jamais.
Só em terrinas, e, mesmo assim, na França.
Vegetariano e feminista eu sou, contudo.
Por isto, em festa ou mudo,
comi também 69 mulheres
                        – com pena e tudo.

DE QUE VIVEM E MORREM OS POETAS

Mudam-se os tempos, mudam-se as sortes,
muda-se a vida e muda-se dos poetas a morte.

Ninguém diria que Homero morreu de enfarte,
Camões morreu de câncer, Cervantes de embolia
e a esclerose matou Dante.

Morriam de amor ou morriam por nada

os poetas que viviam da pena e espada?
O fato é que viviam a fenecer pelos palácios,
a definhar saudades pelos lagos
e a cuspir tuberculose sobre a amada.

Mas há também a morte moderna,
                              burocrática,
                              interna
dos poetas mal-confessos
conferindo a quadradura dos carimbos
nos versos dos processos.
Alguns se afogam em secos mares: nas redações
dos jornais, ou vão engolindo a vida aguada
na madrugada dos bares. Muitos
nas agências de publicidade não anunciam, escondem
prosaica infelicidade. E outros
nas universidades reescrevem na escrita alheia
a sua inscrita metade.

E assim variam os modos de viver e de morrer.
Só não varia o modo perverso
do poeta,
          por seu verso
                    – querer sobreviver.

O HOMEM E A MORTE

O homem é um animal que enterra seus mortos
ambiguamente. Os animais
deixam seus pares apodrecerem
à calcinada luz do Sol
e elaboram à luz da Lua
                    o luto
de suas plumas e pêlos.

Os homens, não. Ambiguamente
enterram ossos alheios
na medula de seus sonhos.

Por isso
são sepulcros deambulantes

com sempre-vivas nos olhos
exalando suspiros
                exalando remorsos.

MINHA MORTE ALHEIA

Quando eu morrer
alguns amigos vão levar um baque enorme.
E na hora da notícia ou do enterro
sentirão que alguma coisa grave aconteceu pra sempre.

Depois
irão se esquecendo de mim,
da cor do luto
            – e da melancolia,
exatamente
        como eu fiz
com os outros que em mim também morreram.

O morto, por pouco, é pesado e eterno.
Amanhã
a vida continua com buzinas, provérbios,
sorveteiros nas esquinas,
esplêndidas pernas de mulheres
e esse ar alheio
              de que a morte
não apenas se dilui aos poucos,
mas é uma coisa que só acontece aos outros.

NOTÍCIAS DE MORTE

Meu Deus! como morre gente no país.
Basta eu virar as costas, pegar um avião
e as cartas vêm carregadas em quatro alças,
escuras, em selos de férreo caixão.

Basta tirar os olhos, despregar a mão da mão,
e começam a suicidar, cair de enfarte,
bater nos postes, se afogar no mar
e se entregar ao câncer e à solidão.

Por que será que não morrem tantos
quando estou perto?
Ou será que morrem lentos, fraternos,
sem alarde,
        discretos,
em cada conversa à tarde,
no escritório e no portão,
e a gente é que não repara
mas está de pá em punho
ajeitando o corpo alheio
em cada aperto de mão?

LEITURA DO MORTO

O que dizer do morto?
Que se foi? cansou-se? partiu-se?
foi desta pra melhor?
Ou dizer
        que o morto é o inquilino
que rompeu o contrato de locação,
o rio que no estio evaporou
cabendo seco
                – nas margens do caixão?

O morto é a visita desatenta
com quem conversamos
                – a sós,
o peixe boiando frio,
enquanto as crias seguem
a procriar na foz.

É aquele de quem, burocrático, se diz:
– não está mais aqui,
abandonou o serviço,
pediu a capa e o chapéu
já se foi absolvido
nos deixando o corpo-réu.

Mas este dizer: não está mais aqui
é o que há de desolado.

Tem sempre um tom constrangido
como se tivessem deixado
um pobre ao desabrigo, molhado.

E o morto
        é o quadro-negro apagado,
        a lição interrompida,
        o estádio abandonado,
        é o trem fora dos trilhos,
        verão sem cigarra e grilos,
        relógio sem mais alarme
        e uma alvorada sem galos.

O morto é sempre um jornal lido, largado,
tem a força vazia de um dicionário,
que não pode mais ser consultado.
Enquanto o vivo
              – é um livro que se lê,
ainda que seja um folhetim dos mais safados.

O ÚLTIMO TANGO NAS MALVINAS

O homens amam a guerra. Por isso
se armam festivos em coro e cores
para o dúbio esporte da morte.

Amam e não disfarçam.
Alardeiam esse amor nas praças,
criam manuais e escolas,
alçando bandeiras e recolhendo caixões,
entoando *slogans* e sepultando canções.

Os homens amam a guerra. Mas não a amam
só com a coragem do atleta
e a empáfia militar, mas com a piedosa
voz do sacerdote, que antes do combate
serve a hóstia da morte.

Foi assim na Criméia e Tróia,
        na Eritréia e Angola,

> na Mongólia e Argélia,
> na Sibéria e agora.

Os homens amam a guerra
e mal suportam a paz.

Os homens amam a guerra,
portanto,
não há perigo de paz.

Os homens amam a guerra, profana
ou santa, tanto faz.

Os homens têm a guerra como amante,
embora esposem a paz.

E que arroubos, meu Deus! nesse encontro voraz!
que prazeres! que uivos! que ais!
que sublimes perversões urdidas
na mortalha dos lençóis, lambuzando
a cama ou campo de batalha.

Durante séculos pensei
que a guerra fosse o desvio
e a paz a rota. Enganei-me. São paralelas,
margens de um mesmo rio, a mão e a luva,
o pé e a bota. Mais que gêmeas,
são xifópagas, par e ímpar, sorte e azar.
São o ouroboro – cobra circular
eternamente a nos devorar.

A guerra não é um entreato.
É parte do espetáculo. E não é tragédia apenas,
é comédia, real ou popular,
é algo melhor que circo:
> – é onde o alegre trapezista
> vestido de *kamikase*
> salta sem rede e suporte,
> quebram-se todos os pratos
> e o contorcionista se parte
> no *kamasutra* da morte.

A guerra não é o avesso da paz.
É seu berço e seio complementar.
E o horror não é o inverso do belo
– é seu par. Os homens amam o belo,
mas gostam do horror na arte. O horror
não é escuro, é a contraparte da luz.

Lúcifer é Lusbel, brilha como Gabriel
e o terror seduz.
                Nada mais sedutor
que Cristo morto na cruz.

Portanto, a guerra não é só missa
que oficia o padre, ciência
que alucina o sábio, esporte
que fascina o forte. A guerra é arte.
E com o ardor dos vanguardistas
freqüentamos a bienal do horror
e inauguramos a Bauhaus da morte.

Por isso, em cima da carniça não há urubu,
chacais, abutres, hienas.
Há lindas garças de alumínio, serenas
num eletrônico balé.

Talvez fosse a dança da morte, patética.
Não é. É apenas outra lição de estética.
Daí que os soldados modernos
são como médico e engenheiro
e nenhum ministro da guerra
usa roupa de açougueiro.

Guerra é guerra
           dizia o invasor violento
           violentando a freira no convento.
Guerra é guerra
           dizia a estátua do almirante
           com sua boca de cimento.
Guerra é guerra
           dizemos no radar
           degustando o inimigo
           ao norte do paladar.

Não é preciso disfarçar
o amor à guerra, com história de amor à Pátria
e defesa do lar. Amamos a guerra
e a paz, em bigamia exemplar.
Eu, poeta moderno ou o eterno Baudelaire,
eu e você, *hypocrite lecteur,*
mon semblable, mon frère.
Queremos a batalha, aviões em chamas,
navios afundando, o espetacular confronto.

De manhã abrimos vísceras de peixes
com a ponta das baionetas
e ao som da culinária trombeta
enfiamos adagas em nossos porcos
e requintamos de medalha
              – os mortos sobre a mesa.

Se possível, a carne limpa, sem sangue.
Que o míssil silente lançado a distância
não respingue em nossa roupa.
Mas se for preciso um "banho de sangue"
– como dizia Terêncio: "Sou humano
e nada do que é humano me é estranho."

A morte e a guerra
        não mais me pegam ao acaso.
        Inscrevo sua dupla efígie na pedra
        como se o dado de minha sorte
        já não rolasse ao azar.
        Como se passasse do branco
        ao preto e ao branco retornasse
        sem nunca me sombrear.
Que venha a guerra. Cruel. Total.
O atômico clarim e a gênese do fim.
Cauto, como convém aos sábios,
primeiro bradarei contra esse fato.

Mas, voraz como convém à espécie,
ao ver que invadem meus quintais,
das folhas da bananeira inventarei

a ideológica bandeira e explodirei
o corpo do inimigo antes que ataque.
E se ele não atirar aproveito
seu descuido de homem fraco, invado sua
casa realizando minha fome milenar de canibal
rugindo sob a máscara de homem.

– Terrível é o teu discurso, poeta!
escuto alguém falar.

                Terrível o foi elaborar.
                Agora me sinto livre.
                A morte e a guerra
                já não me podem alarmar.
                Como Édipo perplexo
                decifrei-as em minhas vísceras
                antes que a dúbia esfinge
                pudesse me devorar.

Nem cínico nem triste. Animal
humano, vou em marcha, danças, preces
para o grande carnaval.
Soldado, penitente, poeta,
– a paz e a guerra, a vida e a morte
me aguardam
                – num atômico funeral.

– Acabará a espécie humana sobre a Terra?
Não. Hão de sobrar um novo Adão e Eva
a refazer o amor, e dois irmãos:
– Caim e Abel
                – a reinventar a guerra.

O FIM TOTAL: IMPROVISO DIANTE DE CERTAS NOTÍCIAS

Foi difícil
        mas elaborei as primeiras perdas:
                fezes
                dentes

              cabelos
              objetos quebrados
              amadas que partiam
              e a morte de amigos e parentes
              se acumulando no fundo.
Agora, contudo,
        estarrecido
        elaboro o fim de tudo:
                      o fim de mim
                      o fim do mundo.

Antes
    se algo em mim morria
    sabia
    que independente de mim
    o mundo renasceria
    e filhos e amigos levariam
    meu sonho e sêmen
                  – ao útero dos dias.

Assim
      procriava no inverno a aurora e sabia
      que o desfolhado outono
      renasceria no verão da história.

Mas sempre suspeitei que a matemática
e alguns países do norte
nos levariam à morte.
A física não resolveu nossa fome
e não melhorou
a metafísica do homem.
A química
com o enxofre de seus gases
poluiu o pouco amor
de que fomos capazes.

Outrora,
era Jeová que degolava cem mil numa batalha.
Agora
são os homens que lançam Jeová
numa fornalha.

Dez bilhões de anos até extinguir-se a radiação...

Não sei se resistirei até lá.
Não sei se a flauta e o oboé de Mozart
resistirão até lá.
Não sei se o rosa de Paolo Uccello
resistirá até lá.
Não sei se os Cristos de Grünewald e Aleijadinho
conseguirão ressuscitar.

O trágico teorema
já estava inscrito no alarme
dos poemas.
No entanto, há pouco descobri
um ninho de colibri com dois filhotes
na samambaia do jardim, e sobre a grama
orquídeas e azaléias crescem
enquanto nas savanas africanas zebras e girafas
correm lestas, em festa, ignorando
que do apocalipse já surgem os chifres
das 666 bestas.

Iniciou-se a contagem regressiva.
Como bons cidadãos, não acreditamos
que seja o fim.
Nos assentamos no trem fingindo
ver a paisagem, fingindo
não ser esta a nossa sorte. Mas
ao respirar mais fundo
já se percebem as cinzas
dos primeiros companheiros dissolvidos
nos altos fornos do norte.

Minha mulher me propõe o suicídio familiar.
Nosso e das duas filhas,
quando a bolha nuclear chegar.

Tomaremos um comprimido
e de mãos dadas na sala, ouvindo Mozart
entraremos suaves na eternidade.
Assim, quando a nuvem mortal pousar

encontrará, frustrada, nossos corpos
> unidos
> sorrindo

como ao tempo em que aos vivos
era permitido sonhar.

HOMENAGEM AO ITABIRANO

Teu aniversário, Poeta, no escuro
não se comemora. Antes, se celebra
no *claro enigma* das horas.

Tentas nos fugir. Em vão.
Tua poesia nos persegue
e revertida te alcança
como o sonho persegue
o sonhador fujão.

Podes te alojar – barroco e torto –
dentro de um santo de pau oco,
como aqueles que, em Minas,
ocultam a riqueza clandestina
de seu dono. Podes fingir
a indiferença do corpo
quando se refugia no sono.

Podes partir para Buenos Aires
> Bombaim
> ou Tapajós.

Não te deixaremos a sós,
pois ensinaste ao leitor mudo
a emoção da própria voz.

Independente de ti,
na luz renascente do dia,
como tua poesia, teu aniversário
se irradia.
> Neste dia

não há vanguarda e academia,
prosa e poesia, nem à direita

e à esquerda, ideologia.
Teus versos se instalaram
nas dobras dos lençóis e cartas,
se infiltraram nos jornais,
viraram *slogans,* provérbios
e senhas matinais.
Não há quem te não saiba de cor.
A abelha de teus versos
segrega em nós o nosso mel melhor.

Hoje o jornaleiro
entregará na esquina
um jornal mais leve e limpo
onde a poesia abre espaço
nas guerras do dia-a-dia.
O porteiro de teu prédio
amanhecerá engalanado
como guarda da rainha,
protegendo-te do assédio
de quem quer te ver de perto.

O carteiro de tua rua
qual Hércules moderno
trará pacotes, malotes
e pirâmides de afeto.

Certo, hoje não saíras à beira-mar, puro recato.
Mas as ondas, sabidas, guardarão para amanhã
as cabriolas e saltos, que brincalhonas
darão à tua passagem
               – no calçadão da avenida.

Quando nasceu o poeta? Em 1902?
No ontem de Itabira? Ou depois
que *alguma poesia* se iluminou
em *reunião* e epifania?
Como nasceu o poeta? Antes
do primeiro poema, quando ele ardia
a dor do mundo sozinho? Ou no dia
da primeira topada da crítica
com a "pedra no meio do caminho"?

Quem é esse poeta ambíguo e exilado
no umbigo do grande mundo
como um avesso Crusoé?
Qual a sua melhor máscara?
A de Carlos? O elefante de paina?
A letra K? Ou o absurdo José?

Ah, drummontanhosa criatura,
difícil esfinge de orgulho e ferro,
ostra enrodilhada no inexistente mar de Minas.

Pena que não te veja teu pai,
nesta hora nacional. Imagino-o
chegando de chapéu, com as botas dos currais
e encontrando na sala da fazenda
essa multidão de brasileiros
a louvar o filho *gauche*
– franzino e tímido –
                num canto do salão.

Poeta, pai involuntário
de tantos poetas voluntários.
Teus descendentes literários te saúdam
e te beijam vivo
com aquele amor, que, em Minas, contido,
só se exibe diante do morto, no imaginário.

Não podemos esperar que partas em ausências
para te amar melhor. Nosso amor
se ilumina à luz de tua presença.
O amor, como a poesia, tem urgências.
Te amamos e não te ocultamos nosso gesto.
Te amamos como indivíduo – sozinhos e discretos
ou como um grande país
                – com alarde e afeto.

LETRA: FERIDA EXPOSTA AO TEMPO

É forçoso dizer que me faz falta
o poema que existe e nunca li,

como se alhures
brotassem coisas que não vi
                        e que distantes,
carentes,
      dependessem de mim.

Algo como se o intocado fosse a sinfonia
inacabada; mais: rasgada,
como o quadro nunca esboçado, perdido
na abatida mão do artista.

O ausente
      é uma planta
      que na distância se arvora
e é tão presente
      quanto o passado que aflora.

E a literatura, mais que avenida ou praça
por onde cavalga a glória, é um monumento,
sim, de dúbia estória: granito e rima.
Alegorias ao vento, lugar onde carentes
e arrogantes
      cravamos nosso nome de turista:
      – estive aqui, desamado,
      riscando a pedra e o tempo
      expondo meu nome e sangue
      com o coração trespassado.

LUZ INTERIOR

para José Eduardo Bezerra Cavalcanti

Meu amigo lê *Grande Sertão: Veredas*
                      em braile.
Que iluminação de paisagens no interior! Pelos dedos
ele sente o liso do Sussuarão, pelos dedos
ele ouve o julgamento de Zé Bebelo, pelos dedos
atravessa a nado o rio Chico, pelos dedos
apalpa a tez de Diadorim, penetra a fenda
da paixão.

Pelos dedos, em braile, meu amigo
colhe o sertão
               – na palma de sua mão.

A MORTE CRESCENTE DE OSMAN LINS

Quando Osman Lins começou a morrer
eu não sabia
               e no Rio, escrevia-lhe
uma carta cheia de coisas do dia-a-dia.

Quando Osman Lins continuou a morrer
agudamente,
               eu o soube, em Colônia, junto ao Reno,
e me prostrei abatido, estranho
como se tivesse bebido
em vez de vinho, veneno.

Quando Osman Lins se acostumou a morrer
perdidamente,
               eu o soube em Paris,
e era como se previsse
que de novo
             ia me mutilar
como há um ano
               quando morreu Clarice.

Quando Osman Lins, de fato, desembarcou
no cais da morte,
no aeroporto de Orly, meu corpo vivo
embarcava a memória de seu corpo morto
na direção do Brasil, onde ia pousar
a mala e a sorte.

Partia para o Brasil
ou qualquer pátria torta,
onde não mais aportarão notícias de Osman,
nem colherei cartas do amigo
na horta da manhã.

Com a morte desse escritor,
não é só Julieta Godoy Ladeira
que, de repente, ficou sozinha:
empobreceu-se a escrita nacional,
a sua
     – e a minha.

O AZAR DE MALLARMÉ

Penso, de novo, em Mallarmé; errou.
Errava mesmo o rapaz. Ao contrário de Gandhi
que tecia o próprio linho, mesquinho,
era um *dandy*.
        E lendo a vida ao contrário
de moda em moda
        virou moda literária.

Ele não me engana a mim, que amo o nu.
Engana, sim, os pervertidos narcisos
que se travestem em roupagens
e julgam gerar linguagem, na margem,
numa parolagem, ágil-agiotagem,
que é pura vassalagem
de escravo e pajem.
E sabe o que mais?
Aquele "lance de dados"
nas mãos de viciados
cai sempre do mesmo lado.
Isto, pra não falar
que o "lance" deles
nunca aboliu o azar
nem nunca me fez gozar.

Mallarmé gastou em vão seu latim:
– não é o livro o nosso fim.
Nem tudo se faz para se chegar
à escrita.

     A vida é mais bonita,
e sabe disto quem ama. Tudo

se faz, isto sim,
                – para acabar na cama.

A cama e as folhas brancas
do lençol, onde se inscreve
o texto corporal.
                A cama
onde o texto do amor
é lido de cor
                no corpo-a-corpo
do leitor-autor.

                Literatura
                      é rebelião
                ou gozo.
                      O resto
                é coisa de viciado
                e desejo rancoroso.

CILADA VERBAL

Há vários modos de matar um homem:
com o tiro, a fome, a espada
ou com a palavra
                – envenenada.

Não é preciso força.
Basta que a boca solte
a frase engatilhada
e o outro morre
                – na sintaxe da emboscada.

CINISMO ETÁRIO

                Quando fizer 20 anos
                (pensava)
                      – poderei muito.
                Quando fizer 30 anos
                (pensava)

                – conhecerei o mundo.
Quando fizer 40 anos
(pensava)
        – estarei maduro.

Faltam duas, três décadas
e não me sinto ainda adulto.

Ao chegar aos 60, contudo,
terei memórias, serei mito,
e aos 70 farei discursos
fingindo a calma que só têm
os muito aflitos.

Mentirei, mentirei, mentirei
sem testemunhas, sobretudo,
se Deus me liquidar os inimigos.
Então, inatingível, acreditarei
no que imaginam que fiz
pensando que a verdade
é o que se ouve e se diz.

O LEITOR E A POESIA

Poesia
        não é o que o autor nomeia,
        é o que o leitor incendeia.

Não é o que o autor pavoneia,
é o que o leitor colhe à colmeia.

Não é o ouro na veia,
é o que vem na bateia.

Poesia
        não é o que o autor dá na ceia,
        mas o que o leitor banqueteia.

FAZER VERSOS

Muitos nunca entenderão
o fazer versos. Acham um passatempo
e insensatez perversa.
Contemplo-os à noite, do terraço
que dá para a solidão de seus quartos.
Dormem todos. Mas há luzes acesas.
Devem ser poetas que desconheço
e me desconhecem, e alta noite reconstroem,
mudos, um diálogo de muitos,
como se nunca fossem morrer.

Os outros dormem. Dormem
imaginando, às vezes, como o artista há de ser.
O artista, apenas, arde o ser.

OS LIMITES DO AUTOR

Às vezes, ocorre
um autor estar
aquém
         – do próprio texto.
De o texto ter-se feito,
além dos dedos,
como gavinha que inventou
a direção de seu verde,
e fonte que minou
o inconsciente segredo.

Um texto ou coisa
que ultrapassa a régua,
a etiqueta e o medo,
copo que se derrama,
corpo que no amor
transborda a cama
e se alucina de gozo
onde havia obrigação.
Enfim, um texto operário
que abandonou o patrão.

Às vezes ocorre
um autor estar aquém
da criação.
O texto-sábio
criando asas
e o autor pastando
grudado ao chão.

– Como pode um peixe vivo
estar aquém do próprio rio?
– Que coisa é esse bicho
que rompe as grades do circo
e se lança na floresta
no descontrole de fera?
– Que coisa é essa
que se enrola?
É fumaça? ou texto?
que se alça do carvão?

Lá vai o poema ou trem
que larga o maquinista
na estação
e se interna no sertão.
Ali o poema
olhado de binóculo
– só de longe tocado –
e o autor, falso piloto
largado na pista ou salas
do aeroporto, atrás do vidro,
enquanto o texto
levanta seu vôo cego
com o radar da emoção.

Enfim,
um poema que vira pássaro
onde termina a mão
ou avião desgovernado
que ilude o autor e a pista
e explode na escuridão.

A CATEDRAL DE COLÔNIA

Para Ingrid e Fred Schwamborn
Rosa e Ebhard Müller-Bochat
Hans Marschner
Artur José Poerner
Ray-Güte Mertin
Trudi Landau

A Catedral de Colônia teve sua construção iniciada em 1248, mas levou seis séculos para ficar pronta. "É bom que assim seja, diziam os alemães, pois quando a catedral estiver pronta chegará o fim do mundo." Durante todo esse tempo ela resistiu a todas as destruições, e na II Guerra Mundial foi o único monumento que sobrou na cidade.
Aí o autor viveu em 1978 e começou a elaboração deste poema.

PEDRA FUNDAMENTAL

A Catedral de Colônia
é uma escura montanha
de pedra, palavra e espanto
numa aguda arquitetura.
A Catedral de Colônia
é um gótico cipreste,
um cone de feno negro,
um monte de trigo em prece.
A Catedral de Colônia
é a cachoeira de rezas,
o evangelho de pedras
e a clausura das quedas.
A Catedral de Colônia
pára.

    E recomeça como
uma antiga escritura
vertida nos pergaminhos

que aguardam nossa leitura.
A Catedral de Colônia
é a espinha da magra usura,
a mais-valia das horas,
a nossa frustra conjura.
A Catedral de Colônia
é o cantochão que se enrosca
serpenteando maçãs
e frutificando orações.
A Catedral de Colônia
se interrompe,
              se fratura,
pois falta cal, falta pedra
e faltam juros e juras.
A Catedral de Colônia
é um oratório de pragas,
a pomba das guerras púnicas,
o corvo da paz futura.
A Catedral de Colônia
renasce, se gera ou cresce
de suas próprias paredes
como uma caixa chinesa
ou jogo infindo de espelhos.
A Catedral de Colônia
é uma dura artimanha
da pedra filosofal:
é o *trivium* e o *quadrivium,*
é o grafito de Deus,
o carvão e seu cristal,
o canto intercalado
e o poema em vertical.

RISCO DA FACHADA

Como formigamos mínimos ante o portal tão grandioso!
Como Deus é pesado e oneroso e venta as ruivas barbas
em fúria por nossos erros!
– O que empilhávamos aqui

                ano após ano?
                          O esqueleto
gótico de Dante? as multinacionais infantes?
ou íamos concretando os ossos de nossos sonhos
na faraônica pirâmide?

– Amontoávamos aqui
       a prataria dos malsinados delfins?
       a luxúria dos marajás? os elefantes do ócio?
       e nossas almas de marfim?
       Ou nessa muralha exótica e mongólica
       Ocultávamos os úteros das princesas mortas
       que suicidaram sob os pés dos mandarins?

Aqui
    o ouro e o sangue dos latinos
    e africanos conservados na pimenta
    e sal dos velhos portulanos.
                          Aqui
    assestávamos as pedras, como os assírios
    acertavam as flechas nos peitos babilônios
    e os gregos
               sua adaga no rim dos macedônios.

Aqui
    políamos a pedra e afiávamos a espada
    como os romanos
    quando assassinavam o imperador, limpando
    com o vermelho pano
                  – o seu nome do trono.
Aqui
    desde sempre escorre o sangue dos hunos e otomanos
    com que soldamos suas colunas e arcanos.
                          Aqui
    o suor que brota das vinhas dos suseranos
    ou, mais modernos,
            a mais-valia
    que exala do dorso turco e italiano.
É aqui

enfim, onde os escravos de Jó jogavam caxangá
num tira-e-põe
       e deixa o Zabelê ficar.
                         É aqui
onde, à distância, os operários paulistas
fazem o seu ABC
       e os nordestinos
dançam o xaxado da fome
             – sem sair do lugar.

DÚVIDAS NA CONSTRUÇÃO

– Quantos anos vão levar nessa empreitada, compadre?
Aqui
   espero a revolução francesa, a russa, a chinesa
   e a próxima guerrilha em Marte.

Desde 15 de agosto
de 1248 que erguem seu portal.
Desde 15 de agosto
de 1248 que estou como um pedreiro real
       comendo pedras,
       obrando cal,
como um cão metafísico
e um sísifo cristão...

Desde 15 de agosto
   de 1248
        que estou atado à galera
        remando num mar de pedras
        interno na Sibéria,
        embora tentem congelar-me
        idéias e quimeras.

Isto é a Babel cristã?
A nova escada de Jacó?
O Empire State dos crentes?
O Machu Picchu europeu?
Ou o Himalaia do Eu?

Os arquitetos a imaginaram tão alta
que suas torres fariam cócegas
nos pés de Deus. Mas
aos pedreiros não deram asas para alçá-la,
 e eles despencavam
com suas marmitas secas, sem seguro
ou corda, sem asa de piloto,
sem blusão de couro, como os belos heróis
da Guerra de 14, que em chamas
se jogavam rindo sobre o mundo
enfumaçando o céu.

– São tanajuras de asas, esses cristãos?
São cupins? formigas? abelhas
cavando a catacumba de mel
no céu da boca das feras?

Deus já tinha mil igrejas
 tumbas de papas
 a Via Ápia
cheia de cruzes, tíbias no chão da arena,
– precisava de uma armadura inda mais alta,
que humilhasse
 imperial
 a estatura escrava dos incréus?

– Com que envidraçamos seus anos? Com o brilho
de nossos vícios? Com os cacos de nossa insânia?
– Com que alçamos as ogivas e erguemos os transeptos?
Com o hímen de nossas filhas e o pênis de nossos netos?
Ou essa é a ereção fundada
sobre o clitóris castrado das mulheres do Sudão?

São sempre assim esses construtores
 invasores
 cristãos:

derrubam o altar pagão e ali erguem seu templo
de orgulho e ouro
 – numa gótica ereção.
 São assim

esses mercenários
              templários
                          missionários
colocando pedra sobre índios fundamentais,
epistolando a escrita do juro escravo,
crucificando a serpente e a águia no horto
num gesto zoológico e barroco.

Parece que foi sempre assim. No México, em Roma,
em Lima ou Quito. Preferem o lugar da reza do inimigo,
pois ali o sangue já se fez pedra e arenito
e o suor escravo dá mais gosma ao granito.
E ao se superpor o rito ao corpo morto
faz-se alçar mais alto o crucifixo
sufocando embaixo o amargo grito.

Ontem
      as maiores cúpulas eram igrejas.
Hoje
      as grandes culpas
                    são dos bancos.

REIS E FADAS NA CATEDRAL

A Catedral de Colônia
é a madrasta dos espelhos
de nossos contos de fada,
é o lobo dos caminhos
que devora a neta e a avó,
a princesa adormecida
que bebeu fatal veneno,
aquele manso unicórnio
que pousa no colo virgem,
o Gulliver naufragado
numa ilha, estranho e só,
é o dragão inconsciente
que dorme dentro em nós.

Fico rodeando a catedral
como o cão rodeia o muro.

o pau-de-sebo, o atleta,
e o mau poema, o poeta.

Olho pro céu, olho pro chão,
carneirinho turista
com infantil emoção.
Não olho esta catedral apenas como quem olha o avô.
Mas como quem vai ao circo e ao zôo.
       Olho-a
             como a um mastodonte
             que encalhou no meu instante,
             como a um dinossauro que restauro
             na arqueologia dos anos,
             como se nos elos dos ossos
             refizesse minha fauna
             e a fúria do antigo monstro.

Ela já estava ali
             sobre o meu berço
             com grinaldas e afetos,
             úteros e sementes,
             como a virgem no horto
             e a amada no quarto nua.
Ela é
  o sexo de Abelardo castrado
  ao corpo de Heloisa, são as bruxas
  de Salém e as visões de Joana D'Arc.

– É a Virgem Mãe
ou mulher da vida?
– É Lili Marlene
ou Joana a Papisa?
– É Inês de Castro
ou Ana Bolena morta?
– É Eva e Maria juntas
ou Lady Godiva à mostra?
                       Ela já estava ali
antes e depois de Carlos Martelo, antes
e depois de Felipe – o Belo, antes
de Pepino – o Breve, antes de Henrique

– o Plantagineta, antes de Halley – o cometa,
antes do branco e preto e depois
da Barba Ruiva de Frederico, depois
de Ricardo Leão e antes do sangue
do cordeiro
                – que escorre nas orações.

Ali
    eternos os carrilhões
    em meio às balas dos canhões dos Krupp, eternas
    as cúpulas dos templos e a púrpura dos cardeais, eterna
    a Guerra dos Cem Anos e a fúria de Gêngis Khan.
E veio Lutero e disse: ponho-a abaixo.
Rasgou as bulas do Papa e irado jogou-lhe a tinta
da heresia
            e teve como troco
                            – o rosto do diabo.
E veio Napoleão com seus cavalos de chumbo
e sua romântica sanha, merecendo versos de Victor Hugo,
lançando a marca
                de uma água-de-colônia.
E vieram os huguenotes e os archotes,
e Juca e Chico dando piparotes, e vieram
Humboldt e Martius alfinetando borboletas
para o peito de Bismarck, e veio o próprio Karl Marx
escrevendo em suas pedras
                        a "Nova Gazeta Renana",
e veio o surdo Beethoven
compondo o coro da "Nona", e veio o Kaiser
tomando-a por capacete, Churchill temeu-a
como a um foguete, e veio Hitler
pegando-a como um aríete para invadir a estepe russa.
            E ela ali
            sedutora
            derrotada
            vencedora
            esfinge
            devoradora
            branca

        de neve
        e sangue
        aliciando
        anões
        poetas
        amantes
        orações
        canhões
        exércitos
        de anjos
        jovens
        e demônios
        velhos

        a defendê-la
        a defender-nos
        a defender-me

que esta catedral sou eu

        atroz-ateu
        cristão-judeu
        preto-plebeu

que esta catedral é o corpo vivo da História
e a história do próprio Eu.

UM ÍNDIO NA CATEDRAL

Para ver a Catedral
descem ônibus turistas,
senhoras gordas, floridas,
aposentados maridos,
velhinhos de olhos claros,
a velhice atrás dos vidros,
a meninice de ingleses,
tagarelice francesa,
as câmaras japonesas,
camponeses da Bavária
e povos de fala vária.

Desce boi, desce boiada
e quase desce a morena
que no sertão foi prenhada.
No fundo é sempre igual
àquela fé tropical
entre gritos e crianças,
farofa, cachaça e mijo
que desce pelas boléias
dos caminhões brasileiros
no Círio de Nazaré,
Aparecida do Norte,
lá no seco Juazeiro,
rezando sua reza forte
capaz de fazer chover
a vida dentro da morte.

Não deveriam ter deixado aqui
                          sozinho
um homem
        sem história e pergaminho.

É muita pedra e museu, é muito elmo e sepulcro,
é muito mofo e veludo, é muita glória e soluço
para quem não tem bem de raiz
e mal suporta
                seu despaisado país.
Não deveriam ter deixado aqui
esse anônimo franzino americano latino
a militar
        com a diarréia da fome,
ouvindo brados de Caxias e Urquiza
        hinos e apelos de Mitre e Artigas,
vendo meu Paraguai devastado
em alianças de cínicas platinas,
enquanto o ouro
                se esvai das Minas
para as roupas da rainha.

Não deveriam ter deixado aqui
esse escolar menino
                  a decorar

mil nomes de batalhas frias,
                              um aluno
que se arvora em sábio,
mas não passa de um aprendiz de parvo,
que lança gavinhas doidas
num quadro-negro sem giz.

Um índio
        encontrado na mata,
                            sem passado e escrita
trocando sua alma terna e torta
por qualquer espelho ou faca.
                        Um índio
ou degredado mineiro, invertido marinheiro
largado em pêlo entre outros índios,
roendo ossos, escondendo o rosto,
aprendendo às pressas as línguas gerais da costa
para vender o pau-brasil nos entrepostos.

        Um inca murcho no canto,
        um asteca mudo no muro,
        um maia desnudo e seco.
É sobrecarga demais.
                Não sou
nenhum Colosso de Rodes, nem aquela tartaruga
cósmica e atlética
                movendo musculoso
a terra no meu ombro e verso.
                        Não sou

        Atlas, Sansão e Hércules.
        Já minhas hérnias romperam
        na primeira lição de História.
        Mal carrego o corpo e o circo
        para o prazer das mulheres.

       Como exigir de mim
        o que em mim nego, disfarço,
        que sou mico e anão de circo,
        se a vista me vai cansando,

> se ontem parti um braço
> e me faltam três meniscos?

É sobrecarga demais, e até parece
que estou em Londres em meio às criptas
da Catedral de Westminster:

> tumbas, cenotáfios, sudários,
> lápides, esquifes, mortalhas,
> santos e heróis na igreja mortuária
> com lanças e espadas numa missa de
> [gralhas.

Olho minhas internas pirâmides
como o general o seu museu de cera:
> 40 anos já me espreitam
> de um vivido mausoléu,
> mal suporto minha biografia,
> não sei o que se passa
> nos quartos de minha casa,
> na ante-sala dos congressos,
> nos telex e oficinas,
> nas ações das companhias
– como poderia arcar com tanto sangue e glória
ou deter o tropel de cavalos de mármore
> – que esmagam a História?

E eles querem é me esmagar
> com seu poder. Eles querem
> é intimidar-me e a Garibaldi, querem
> é churrascar Giordano Bruno, querem
> é apagar o rosa incrível dos painéis de Paolo Uccello,
> querem é destruir a Cidade do Sol de Campanela,
> querem é bater regras nos meus sinos, arrebentar
> meus tímpanos com hinos, me impingir
> marmóreos lagos e cisnes, perverter
> minhas primícias
> > e me enterrar em negras missas.

Portanto, não é alegria o que sinto
revendo a história alheia. É pasmo

e medo. Vou perlustrando essas arcadas
vigiadas por medievais homens vermelhos.
                                                            Melhor,

bem melhor me sentiria
                    lá fora
nos jardins de Ninphenburg,
posto que podado vegetal
                            domado
                                      como as princesas
que discretas entre roseiras
atiravam a esmo sobre uma erradia caça
que outros, de fato, abatiam
para um tardio festim.

Não é metáfora. É sangue mesmo
o que escorre na argamassa dos castelos,
é sangue mesmo misturado a cerveja ou vinho
que o arquiteto de Augustburg, em Brhüll, usou
para curtir o mármore dos nobres.
        O guia não explica se é sangue humano
        ou se é de porco, esse sangue com desenhos
        tão marcantes na lisa parede fria.
        Tão-somente desliza sua fala pelas salas
        e adiante explica os gobelins tecidos
        por santas mãos de donzelas,
        que de tão santas não percebem,
        que aí passaram quarenta anos sentadas
        bordando como aranhas
                – seu próprio conto de fadas.

Em frente às igrejas, palácios e castelos
desembarcam multidões turistas preparadas
para espantos e delícias. Guias multilíngües
nos conduzem em labirintos temporais:
        passamos com tédio e pasmo entre cadeiras
        e estatuetas, nácar, madrepérolas, leitos nupciais,
        mármore, cristais, pesados retratos
        de feíssimas donzelas e gordas princesas mortas
        contracenando ao fundo

        – com a pompa e a púrpura dos cardeais.

        Como há patos mortos, cisnes, Ledas,
        gamos despejados sobre a mesa, tachos de cobre
        e frutos entrecortados de marrom tristeza!

Os modernos olham os antigos
                        com irônico pasmo.
Os antigos
     deixam seus olhos nas molduras dos museus
                                    e espiam
com mofa
        enquanto os modernos passam.

Pervagando
        patetas
                perguntamos algo ao guia
ou lemos inscrições nos livros e plaquetas.

Em qualquer língua estrangeira
                            ou estranha
à nossa alma terrena e torta
o difícil não é perguntar
                        – mas entender a resposta.

ANTIMETAFÍSICA TROPICAL

A Catedral de Colônia
é a visível costura
do verso, da pedra e história.
É a urdidura das classes,
o concreto em nosso dorso,
um calabouço de preces,
asilo de velhas juras.
A Catedral de Colônia
é um caldeirão de pecados,
um osso no meu pescoço,
a minha fome na mesa,
o meu remorso em fervura.
A Catedral de Colônia

é um buraco pelo avesso,
o ex-voto pela cura,
uma pedra de tropeço
onde o cego se amargura.
É gravura de Bosch e Brueghel
o interminável cordel
alfinetando meu corpo
nordestino e tropical.
Ai que vontade de viver aqui
ao pé dos Alpes
            ou num cartão-postal suíço qualquer
            pastoreando *edelweiss*.

Aqui
    filosofar é trivial. Tão natural
    quanto criar gerânios e violetas
    num prado banal de borboletas.

O que eu queria
        era ver:
            Nietzsche
            Kant
            Heidegger
            Schopenhauer
                matutarem
                    – ali no agreste.

O que eu queria
        era ver
            o nada
            nascer
            do nada
                – e crescer
        ali
            onde cedo se aprende
            a não ser nada
                        – e obedecer
                            ali
            onde o homem não tem essência,
            só fome, e a aparência é a carência
            do próprio ser.

Queria ver filosofar
          era ali
                   no Catolé do Rocha e Nanuque
     ali
        onde mulher derruba boi a muque
        e enfrenta com o homem
        os torneios da própria fome

                  ali
       onde a mulher aprende a ingaia ciência
       no curral da própria saia
                  ali
       no ciclo bretão da seca
       onde o boiadeiro tange o gado magro
       dos 12 pares de França
       e enfrenta Ferrabrás
                       e canta e dança

     ali
        no áspero sertão onde Rolando
        se chama Lampião e morre na tocaia
e na trapaça
        ali
            na pedra do dia-a-dia
na Serra Talhada
onde se engole a sede aos tragos
e se inscrevem as façanhas
de Carlos Magno e Vilmar Gaia
ali
   Lutero não reforma mais os seus mourões
   nem corta o mato e o cupim
                      – do derreado castelo
ali
   Thomas Morus
                  com seu gibão de couro amarelo
   pachorrento
           se assenta nas barras do curral do dia
           e ordenha com sabor de sal
           a sua magra utopia.

MINHA GUERRA ALHEIA

A Catedral de Colônia
é o parque de minhas pernas,
meu balão, meu bangue-bangue,
meu pau-de-sebo, meu finco,
meu álbum de figurinhas,
meu barquinho na enxurrada,
bola de gude e carniça
o muro sobre o vizinho.

A Catedral de Colônia
é o adulto que ao ovo volta,
a América que regressa
ao útero da Europa,
a infância cheia de tropas
o meu "esforço de guerra"
nas ruas de Juiz de Fora.

Arranco os ferros de mim,
canos do intestino grosso,
o cobre dos meus remorsos,
o bronze dos monumentos,
a maçaneta dos olhos,
a platina dos molares,
e ajunto papéis, garrafas,
para que virem couraça
de novos aviões de caça
ou esteira e lagartas
para carros de combate:
– é o meu esforço de paz
na guerra de Juiz de Fora.

Não há pneus de automóvel,
nem roda de bicicleta,
nem borracha para os saltos.
Não posso errar o que escrevo,
não há borracha pro erro.
Gasogênio move os carros
e o pão

é feito de milho. E duro
e escuro, longe da paz
e daquilo que em nossa alma
era trigo.

Mas, o que é isso? um poema?
um relatório do medo?
um saco de gatos mortos?
cacos da infância torta?
ou rascunhos de vitória?

Anne Frank me antecede
num gueto de Amsterdã:
– é diário o que escreve,
é diário o que escrevo.
Diário, poema, igreja
em que as palavras e letras
são blocos tensos de pedra
erguidos em meio às trevas
no caderno da manhã.

Cada um enfrenta a guerra
com as armas de que dispõe.
Levanto parede e texto
com a pedra de meus poemas
e a minha infância na mão.

Meu Deus! como eu tinha
e tenho medo dos alemães!
                        Brancos varapaus
tão bem treinados nas olimpíadas industriais,
galalaus entrincheirados contra
os meus pobres pracinhas tropicais.
                        Pontuais,
                                    expressionistas,
                luteranos,
                            detalhistas,
                enormes, duros,
                                farristas.
Vejo-os sempre com aquelas peles de bárbaros nos ombros.

um cheiro de carne em torno, e no fundo
                               fogueira e escombro
Riem alto no olimpo dos restaurantes, cavalgam
mitos na praça
                e toda tarde se curvam ante mil copos
e se põem a urinar e a rir no Reno
                – zombando da própria morte.

– De onde foi que eu e meu amigo Nelinho
tiramos que acabada a guerra
                        – seria tudo de graça?
– De onde foi que eu e meu amigo Nelinho
tiramos que iam acabar a guerra
                        – de graça?
– De onde foi que eu e meu amigo Nelinho tiramos
que iam acabar a guerra
                        – e nos deixar brincando na praça?

Esses garotos alemães não parecem se lembrar de Hitler
nem da Guerra dos Cem Anos.

Eu é que fico
         fustigando a distante infância
         cheia de tiro e fome:
Stalingrado era ali no meu quintal; muros
derruídos e jabuticabeiras velhas. Gueto polonês
era o meu quarto
               cheio de pernas de atrizes,
               desejando Cid Charise,
               Lili Marlene me espionando
                        – a alma cheia de cicatrizes.
As bombas despencavam dos pés de manga, submarinos
no escuro açude, aviões riscando o céu da sala,
lança-chamas brotando dos girassóis, granadas
rompendo romãs na horta, foguetes
surgindo do abacateiro e baionetas cortando
a alma e a pele do infante
                        – na cerca suja do instante.

Aqui
      não guardam sequer a cicatriz das casas.

Eu
>é que tenho que fuçar arquivos
>>>>cavar
>ali nas pedras da catedral irônica procurando
procurando
>>procurando
>>>procurando
velhas marcas de bombas, cutucando
os que vão passando, perguntando
>>perguntando
perguntando
por uma guerra que apenas li.

Qualquer hora
>me expulsam daqui. Os alemães
>>(velhos e meninos) querendo esquecer, e eu
>>>estrangeiro
>>>>desesperado
>>>>>lembrando
– de coisas que nunca vi.

Aliás, não é de hoje essa mania de meter-me
em guerra alheia. Foi sempre assim comigo
– menino povo –
>>num ganha-e-perde
>>tudo de novo
erguendo mastros e orgasmos marciais na praça errada
e acordando o corpo nos lençóis da fria cova.
Fui sempre assim:
>>>vitorioso na insônia,
>>>derrotado à luz do dia,
>>>fui sempre assim:
>>>aqui e agora
>>>>ou no Brasil-Colônia.

Seis séculos levaram os alemães na sua construção
e no sétimo
>>ao invés de descansar
>>>>iniciaram as guerras
>>>>>de autodestruição.

Esta catedral foi erguida para lembrar
o que não restou de pé. Esta catedral foi salva
para lembrar
                – o que deve e pode ficar de pé.

Este o país
           entre hunos e romanos,
                russos e americanos,
           com um kaiser travestido
           de ambíguo César/Czar.

Este é um país
              que muda de fronteira
sempre que uma nova geração
                   perde a guerra e a cabeleira.

Agora, finalmente, entendo
                     e estranho
que só Beethoven ficasse surdo
no canhoneio entre a Alemanha e o mundo.

Ah, meu Deus! como é difícil viver na Europa!

Na hora do café lá vem a tropa dos tártaros
e teutões roubando nossas tortas. A caminho da missa
a fúria do Islã seqüestra nossas filhas. Átila e Aníbal
arrombam nossas portas. Mal pisamos a horta e os turcos
pulam os muros. A comida está no forno e os mouros
estão nas costas. Na sobremesa o mar se coalha de ingleses
e holandeses. Os franceses nos levam o vinho e o
                         [queijo, os italianos
cantam óperas na mesa, os alemães arrombam o quarto
com seus cães de caça e os austro-húngaros
nos devassam a praça.

É impossível dormir com a artilharia da Prússia,
com esse mover de fronteiras noite-e-dia na Polônia
e os tensos fantasmas da Rússia
                       – povoando nossa insônia.

Mas são assim os povos e os homens:
vão se organizando com reis e bandeiras

e a pretexto de acabar com a fome e semear a fé,
vão erguendo seteiras em nossos quartos, mausoléus
em nossas salas, derrubando mulheres nos celeiros,
e impondo impostos e fronteiras, em meio a jogos
e bebidas servidas em nossos crânios.

Por pouco tempo
demarcamos nossa casa, combatemos
as pragas das fruteiras, dobramos roupas
nos armários, vestimos nossos filhos de uniforme.

Vêm o tempo, Gêngis Khan, a morte
e novos reis rearranjando nossas terrenas posses.

CATEDRAL DE LIVROS

> A Catedral de Colônia
> mais que cordel nordestino
> cantoria à beira Reno,
> é uma pedra-poema
> onde o poeta precário
> verte o seu desatino
> e seu furor literário.
> A Catedral de Colônia
> é o livro branco onde escrevo
> tudo que amo e perco,
> tudo que ensino e esqueço.

– Por aqui passou Cervantes no seu louco Rocinonte?
– Daqui se viu Camões perdendo Dinamene
e salvando a nado seu poema no Índico Oceano?

– Por aqui sorriu Voltaire, enquanto não brigou
com Frederico, o Grande, por causa de um chocolate
e do salário para a amante?
Mas que pedra mais completa
desta vez, enfim, botaram
no caminho do poeta.

São as Tristezas de Werter?
O dragão de Sigfried?

O Ouro do Reno velho?
A eterna culpa de Fausto?
O pai fantasma de Hamlet?
Édipo a sós com a esfinge?
Corcunda de Notre Dame?
A Volta de Monte Cristo?
Jogou-se daí Ismália?
Aí sonhou Julieta?
Matou-se aí Karenina?
Aí se afogou Ofélia?
Enlouqueceu Margarida?
Ou se aviltou Bovary?

É o Conselheiro em Canudos?
Um Quixote magro e ossudo?
A barata e o pai de Kafka?
O Som e a Fúria de Faulkner?
O louco Raskolnikov?
O Tambor de Günter Grass?
Montanha de Thomas Mann?
O doido manso de Gogol?
A guerra sem paz de Tolstoi?

Aqui se poderiam abrigar os eróticos consortes do Decameron
durante a peste que atacou a aldeia e os fortes. Aqui
se poderia armar o leito da arte amatória
                                oriental-medieval
e por mil dias, por mil noites, com Scheherazade
nessa alcova de pedra, resistir
                                contando histórias.

A CATEDRAL NO RIO DA MEMÓRIA

A Catedral de Colônia
é a nave seca de Minas
onde os profetas navegam
num mar de pedra-sabão.
A Catedral de Colônia

é a nau dos loucos sábios
na obra de Brandt e Dürer
no rio da des-razão.
A Catedral de Colônia
é um oceano que ondeia
uma sereia que canta
e uma encalhada baleia.
A Catedral de Colônia
é o arrecife à maré,
submarino que emerge
e o escafandro da fé.
A Catedral de Colônia
mais que arca de Noé
é onde os anjos são peixes
nadando ao redor do altar
pois na inversão dos espelhos
um milagre então se opera:
rasga-se o sétimo véu
e na catedral submersa
o crente com guelra e espanto
nada com os pés no céu.

Agora
     após descer o Reno
beber o vinho de Boppard
               Koblenz
                   Baccarach
e com Lutero cantar:
              "que Deus é meu castelo",
releio
     a relação entre o precário
e o eterno
          entre os suspiros dos limos
e os hinos da minha fé. Agora entendo
a ligação que havia
          entre esse povo
e a minha infância errante nos morros. Agora
entendo o que têm as fontes renascentistas
com os barrocos rochedos

                            e a voz macia de Lorelai
com nossos medos.
                    Agora entendo
por que bebem e urinam toda a noite
jorrando seu rim num rio de insânias, os alemães,
um povo beberrão
                cristão,
que encharca a carne crente com vinhos
para esvair a (in)contida emoção.
                        Agora entendo
que os colonos alemães no meu país
erguessem c/asas nas montanhas:
                        um povo de alpinistas masoquistas,
                                    calvinistas otimistas,
                                            querendo
                    rever lá longe a catedral
                    que invade com soberba o céu.

Agora
    que desci-subi o Reno
    como herói, mito bifronte,
    que nasce e morre no texto
    e toma a barca de Caronte,
                            agora
    que cruzei a nau sem leme de meu corpo
    com a nau histórica dos loucos, volto
    ao porto, a essa praça, e olho
    as mulheres e pombas que sobrepairam
    nos meus sonhos:
                        camponesas de pernas rijas,
        com um trigal nos olhos,
                    altíssimas princesas em cavalgada
        recolhem
            minha alma alada
                        num columbário medieval.
Como sonham alto essas valquírias! que sensuais
e eqüinas, quando o dorso alteiam e cruzam
pelos machos nas esquinas! que oblongas tetas!
que esgalgas coxas! que pupilas claras! que sorrisos

fortes! que lindos manequins nessas vitrinas!
que portentosas madonas não verteriam o leite
da mulher amada no meu leito
                – matando a sede do menino em Minas!

Me dizem:
        lá em cima tem centenas de degraus
           que levam os olhos às planícies da China.
Não vou lá, como o fiz no Empire State, nas pirâmides da Lua
      [e do Sol, em Tihuanaco, na Basílica de São Pedro
      [passeando
            tropical e agreste
    meus pecados terrestres
sobre a cabeça do Papa.

Quinhentos e dois degraus de História.
Quinhentos e dois lances de culpa
                    buscando a cúpula
ou cópula celeste.

      Esta catedral é de se ver do chão.
      É para humilhar o mais revel cristão.
      Derrotaria Átila e Alexandre
      e o africano Cipião.

Tenho subido pirâmides
                edifícios
                        monumentos
e me submetido às vilezas
            – à altura de meu tempo.
Mas essa catedral
            desde sempre ereta
            me recusei a escalar.
Esmagado
      no cantochão
                olho as torres e degraus
                em vão. O que é que eu vou
                reler lá em cima?
                A fluida história dos rios?
                ou a infância reconstruída
                nas ruas de Juiz de Fora?

– Juiz de Fora!
            – que nome horrível, meu Deus.
E, no entanto, ali naquele rio, sonhando
com o Danúbio azul das horas
entre córregos vadios escorria, verde,
                        um menino.

– Onde estou? Em Minas?
Nas margens de mim na Europa?
Que Reno é esse que se esvai
nos mapas de meu corpo
e atlas de minha escola?
Estou aguando a infância
com lágrimas de agora?
Ou desandando o bolo e o cimento
com meu barroco lamento?

Aportam estranhas figuras
nas docas da memória:
            não é mais Marcus Agripa
            e suas tropas, que vejo
            em Colônia, fundando a Nova Roma.
            É meu avô que ancora às margens
            não do Reno, mas de um rio brasileiro.
            É o velho Affonso Romano,
            é a avó de nome Expósita,
            (é o meu eu exposto
            à imigração dos anos)
            cuidando da horta e filhos,
            assando pão na neblina
            e já convertidos aos trópicos
            vertem a massa italiana
            na tropical macarronada
            com ovo cortado em cima
            e queijo ralado em Minas.

Não posso ver.
            Desde menino não posso ver um rio
que bíblico me assento
            me lembrando de Sião. De Sião

ou do rio Paraibuna? Pobre rio de lama e purgação,
enchentes, ditaduras, desfiles, peroração. Rio
onde eu me punha a imaginar outros rios di/versos
daqueles das disputas em que se afogam os cristãos, di/versos
de todos os rios nordestinos de amargo açúcar, di/versos
daquele rio chinês

> onde espero ver passar, morto, o inimigo
> e o cadáver amigo vejo boiar.

Desde a infância
>queria um rio que escorresse
>>meu orgasmo

e minha insânia. E eu ali ajoelhado ou na cama,
um João Batista acanhado
com meu cajado eriçado
sem o gozo salvador.

Só agora reconheço
>que não é o rio que faz o homem.
>É o homem que se represa
>ou fluindo o desatino
>se dá destino com o rio.

Só agora reconheço esse rio
>escorrendo interna geografia
>e adolescendo desejos
>>até que, homem feito,
>viesse derreter meus Alpes de gelo.

Sempre me atrapalhei pensando
naqueles que se plantam pelas margens
e se inundam quando transbordam as águas,
nos que dispõem o rebanho e objetos de família
ao pé do vulcão do monte,
nos que escorrem com multidões e tropas
como dejetos da escura história.
Que trágico destino é esse
>ou desafio

feito a um deus agrário que nos devora,
que faz dos homens carrapatos, parasitas e amebas
no intestino grosso das horas?

Meu Paraibuna não era nenhum Reno ou Amazonas,
mas tinha dignidades:
>se enchia, transbordava
>levando de roldão favelas e cabritos
>ante o espanto de bombeiros e polícia,
>ante o pânico de insolentes moradores
>que ficavam ali zombando
>de suas provincianas nascentes.

Mas como sempre acontece
na história dos homens-rios,
um ditador-presidente
>acabou com os insubmissos
>>transbordamentos,
>dobrou seu dorso na engenharia do leito
>onde até hoje se derrama, amorfo, esse rio.

Os mais velhos
se lembram sempre de presidentes
e enchentes. Os mais moços
>perguntam
querendo ler nas nascentes de ontem
as sementes de novos transbordamentos.

GUERRAS RELIGIOSAS

A Catedral de Colônia
é tão séria, fria, eterna,
que nada tem a ver com os
pequenos templos de Minas.
Nem sei o que aqui fariam
os crentes de Juiz de Fora.

Experimento:
>ali no canto
coloco o seu Antenor de óculos,
seu Cornélio e o violino,
a flauta do Waldemar, o órgão
de Rute Lopes, e o bombardino
do irmão pentecostal

que todo quarto domingo
nos vinha visitar. Bombardino
ou trombone, de cuja vara
pinga a baba nas tábuas
do chão do templo, ante a náusea
protestante do menino.
Isto é que é música!

                crente!
                      latina!
            alegre!
                      agreste!
              divina!

sacra-profana euforia
parecendo mariaches
numa missa mexicana.

> E diante da Catedral
> confundo o espaço e os solos,
> não canto Bach ou Beethoven
> mais pareço um nordestino
> durante o forró de Cristo,
> cantando um baião de Handel
> com a fé na sola do pé.
> Calvinista tropical,
> misturo Lutero e frevos
> e sou um índio tamoio
> vestido de John Wesley.
> Por pouco a nau da igreja
> não é nau catarineta
> e a euforia dos crentes
> vira folia de reis.

– O que fariam esses endomingados alemães
se vissem irromper ali na esquina do Früh ou do Kaufhof
não as tropas do Führer, os cavaleiros do Kaiser
ou grupos folclóricos dos Alpes,
mas um bando de batistas,
                sabatistas,
            metodistas,

vestidinhos de azul-marinho,
passadinhos, dominicais,
com a escura Bíblia na mão
e empáfias celestiais?
– O que fariam ouvindo
pandeiros e tamborins
num berreiro de preces
de mulatos querubins?

Magrinho luterano,
capeta perseguido,
não posso namorar
qualquer princesa católica
no Reno da minha rua,
que protestante não dança,
que protestante não fuma,
que protestante não bebe,
que protestante não pode,
         não pode,
         não pode,
que protestante não peca,
         não rouba,
         não fode.

Nada, nada me livra
das cenas de humilhação
que o menino metodista
sofria todos os dias
e noites
      de São Bartolomeu,
quando, em Juiz de Fora,
passava em qualquer rua
do bairro de São Mateus.
Eu, pequenino calvino
a pregar pelas esquinas
      huguenote
      hotentote
ostentando minhas hostes
mais que bandido ou mocinho
um adolescente Quixote.

– Que cena é essa beira Reno?
– Onde estou, cristão covarde?
– Em Minas? Colônia?
– Ou na Santa Inquisição
onde meu corpo infante arde?

CARNAVAL EM COLÔNIA

    A Catedral de Colônia
    é um circo da Idade Média,
    Commedia dell'Arte em mim,
    o que restou de Pierrô
    e o enganador Arlequim.
    A Catedral de Colônia
    é o advento de Pã,
    é Dioniso em vez de Cristo,
    carnaval, insânia, insônia
    na desestória alemã.

Eu deveria era me abrir de vez
              e deixar assomar
              no espaço da catedral
              a autêntica Roma do Norte,
              com aquedutos do sexo
              e as bebedeiras de Baco.
Olho para o lado do Museu Romano e vejo Dioniso
que sai dos cacos do mosaico e restaura a orgia
começada na alcova da mãe dos Gracos.

        Lá vem Cláudio e Júlio Agripa
        descendo a *Hohestrasse*
        e na *Schildergasse* faz compras Júlio César.
Cleópatra
      veste peles de onças brasileiras
                    no *Hansen*
e Brutus compra frios no *Kaufhof*.

Eu sei que eles são nobres e eu sou bárbaro,
eu sei que eles são muitos e eu sou torto,

eu sei que eles estão vivos
e eu é que estou morto diante de seus sarcófagos.

   Quem é a princesa que ali entra de *blue jeans?* quem
o duque de *kodak* diante da camponesa? quem
a marquesa que usa *avon* nos supercílios? quem
o príncipe de sacolas surrupiando postais? quem
o duque em pé bebendo *coca-cola?* quem
o arcebispo que abocanha o sanduíche? quem
o abade e sua salsicha?

– Que carnaval é esse no adro profano-e-sacro?
onde o *hippie* cardeal turista
beija a freira namorada no portal,
enquanto a urina das cervejas escorre sob as mesas
por *underground* canais?

         Pouco adiante, a *pornoshop:* até o pecado, enfim,
foi liberado nesse reino
e o orgasmo solitário tem máquinas de borracha
e o prazer tem seu salário.
E se a Igreja tem dois, três Papas,
os infiéis já vendem bulas e maconhas em suas portas.
     Julgaria estar na Idade Média
não fossem os jornais expostos na estação,
a greve, o terrorismo e a inflação.

     Nesta praça tudo é possível.
E aqui a criança e o adulto refazem
                       insanamente
o eterno poema-igreja.
             E já pareço Colombo
             viajando pelo avesso,
             indo a leste pelo oeste,
             chegando à América surpreso.
             Talvez devesse confessar
             que ao invés do incauto marinheiro
             sou explorador pedestre
                       Marco Pólo
             que regressa das muralhas da China

com os olhos cheios de inventos
não para as cortes de Veneza,
mas para os morros de Minas.

– O que é isto? pergunta o alemão
em sua terra perdido
e já convertido em turista.
– É isto história, insônia
ou memória do Brasil-Colônia?

E eis que ouço qualquer coisa
entre remorso e samba-enredo:
é a liberdade tardia
tardando desde o começo.

Lá vem Chico Rei, escravo ousado
puxando seu congado, lá vem Chica da Silva
brincando de rainha
e num barco de papel
num lago de Diamantina
penteando a carapinha.

E vêm índios e jesuítas
com o Marquês de Pombal
iluminando o universo
do meu secular quintal
dançando o maracatu,
onde não podem faltar
as bandas de pau e corda
e os pífaros de Caruaru.

Lá vem a ala das baianas tropicalistas,
dos ingênuos marxistas, das raposas populistas,
dos tenentes udenistas, travestidos de golpistas,
guerrilheiros de Ipanema, retaguarda vanguardista,
    batendo tarol e surdo
     seguidos de brasilianistas
– tomando nota de tudo.

Aplausos caem da arquibancada:
são investidores estrangeiros

                    turistas
                  economistas
que aplaudem interesseiros
o samba atravessado
                  – do milagre brasileiro.

E o povo-marginal, com tal arrebatamento,
mal se contém atrás
                  – do cordão de isolamento.

                  Que arqueologia fantástica!
                  que carnaval de datas!
                  que anacronia de máscaras!

                  Esta, a *plaza mayor* da história,
                  o grande sertão europeu,
                  a pororoca dos tempos
                  e a festa tola dos reis.

                  E neste poema-avenida,
                  que já assumiu forma vária:
                  já foi templo, já foi rio,
                  já foi livro, foi museu,
                  foi infância e foi batalha,
                  não estranha que essa igreja
                  convertida em palco e praça
                  agora assista ao desfile
                  vestida de Candelária.
                  E esbaforida
                              aturdida
irrompe na avenida
a Escola dos Desunidos da História.

                  A alegoria é de Picasso,
                  de Da Vinci a fantasia,
                  o enredo exorbitante
                  é de Karl Marx e Dante.
          Rasputin pensa que é Papa,
          Maquiavel, arlequim.
          Quem é que puxa a escola
          Será Zapata ou Zumbi?

Antonieta – a Rainha,
é par constante de Spartacus.
Joana D'Arc com a bandeira
vem na ala das baianas.
Rabelais é o mestre-salas.
Os guerreiros de Alexandre
já rebolam sem recalque
e os elefantes de Aníbal
atravessam o samba e os Alpes
tirando aplausos do gelo.
Franco aparece em cena
travestido em corno manso
e Salazar – outro astro
beija a testa de Fidel
fingindo que é Inês de Castro.
Nijinski comanda o frevo,
Stravinski o berimbau,
na bateria Beethoven
no repenique vem Bach
fazendo o povo sambar.

– Que orgia é essa?
                – É assim o carnaval em Colônia?
– Existe um tal europeu arrebatamento?
Ou é apenas abaixo do Equador que todo santo é pecador?
– Que pode um europeu pensar
de um cronista que confunde seu país,
que não passa, em Paris, de um persa,
ou um Santos Dumont aéreo
desastrando a Torre Eiffel
                – com seu frágil 14-Bis?

E já ao fundo se esvaem
o bloco dos exilados, o grêmio recreativo
dos políticos cassados, o rancho
dos torturadores e outros blocos de sujos
cruzando o canal das manchas,
chegando do outro lado, exorcizando no presente samba
o futuro sempre ausente
                – e o recalcado passado.

E o espetáculo se encerra
da forma como começa:
senhores de chapéu-coco,
bengala, luvas, sorrisos,
saúdam o povo e turistas
e vão varrendo na gente
confetes e cicatrizes.

Parece, foi sempre assim:
o aplauso, a glória, a euforia
e depois o anonimato
na vala comum dos dias.
Primeiro o ideal, a luta,
depois o luto e o exílio.

Um dia, o perdão torto, a anistia,
onde o criminoso perdoa a vítima,
mas não engana o que está morto.

Perder
    é carregar no corpo
    a história da morte em vida.
                          Ganhar
    é, no trono, estar faminto
    sobre os detritos da glória.

No futuro
    abrindo baús velhos e mágoas
    alguns se perguntarão
    movendo as cinzas do medo:
    – quem era o porta-estandarte?
    e qual era o samba-enredo?
    Arqueólogos
    virão desenterrando da avenida
    odaliscas e utopias,
    piratas e guerrilhas,
    havaianas e manifestos,
    toureiros e caveiras
    e por mais que recomponham
    os cacos e detritos

reinterpretando os mitos,
não refarão jamais os sonhos de Dionísio e Baco
nos mosaicos de Pompéia destruída.

A CATEDRAL INCONCLUSA

Se ao carnaval segue a Quaresma
e à Quaresma segue a Páscoa
e a cinza segue à chama, e segue à chama
a fumaça
        não há por que temer ou perguntar:
           – onde o começo?
           – onde o desfecho?
           – o que é espaço europeu?
           – ou lembrança brasileira?
           – o que é meu corpo no horto?
           – e a ressurreição costumeira?

Quanto mais contemplo a catedral
        menor
        e mais menino
        vou regredindo.
        Pareço Alice caindo
        numa armadilha de espelhos
        ou alguém que de repente
        sai do útero da pedra
        explode o verso em cachoeiras
        numa sucessão de quedas.

"Necessário vos é nascer de novo"
        brada do púlpito
        o sacerdote-analista.
E sobre o divã do que digo
retornando ao próprio umbigo
                    eu cismo

temendo que o leitor turista
                não resista
                ou caia

                    de um dos andaimes
                    deste poema
                              em abismo.

Olho essa catedral como a um quadro do Velho Brueghel.
Aquela imensa Batalha do Carnaval e da Quaresma
tragicômica peleja
              entre detritos-porcos-ovos-copos-dados
              e jogos sem contar os corpos tortos,
              todas as agulhas e destroços,
              todos os cacos de nossa moderna arte
              num vitral de sonho e ossos.

              E se é quadro, a Catedral
              é a Queda dos Anjos Rebeldes
              do mesmo Brueghel, a sua Ida
              ao Calvário
                        – e o Triunfo da Morte.
              Se é quadro, a Catedral
              também é Goya: Saturno
              devorando os Filhos.
              Fuzilamento no escuro,
              mais a cabeça de Cristo
              brotando, ao redor, espinhos
              num quadro de Grünewald.
              Se é quadro, é Rubens
              é A Queda dos Condenados
              e a cachoeira de corpos
              caindo no vão da História.

Olho esta Catedral com o mesmo espanto
ao descobrir na minha frente o quadro detalhista e esmagador
que Altdorffer pintou pra sempre nos meus olhos:
       é a Batalha de Alexandre
       com miríades de soldados persas, gregos e macedônios
       em onda cósmica lutando, como se anjos,
       como se homens, como se insetos pelejando
       na superfície do abismo, num oceano de lanças
       e espadas e revoltas crinas de cavalos.

Nunca mais posso sair da Alt Pinakotek de Munique.
Nunca mais posso escapar da Catedral de Colônia.
>	Penetram-me os vitrais da pele
>	a transcendente luz que envolve o rosto
>	das pinturas dos flamengos.
>	Agora entendo
>	o que tanto lêem em suas cartas
>	os personagens dos quadros de Vermeer.
>	Agora
>	sinto o desespero claro de Van Gogh
>	no amarelo de mil sóis
>	girando nos vitrais da igreja.

Não sei por quanto tempo vou ficar perdido
no museu do mundo, vagando ao lado da Catedral,
na Ludwig Collection, moderna e medieval,
onde o lixo industrial americano se derrama
em pias de pano de Oldemburg, quadrinhos de Liechtenstein,
conchas da *Shell,* sopas *Campbell* de Andy Warhol,
arte *pop, op,* rica, pobre, *snob,* acrílica ironia
pós-moderna exposta em gás néon na sala fria.

>	É nisto que deu o cisma renascentista,
>			luterano,
>			industrial,
>			capitalista?
>			num entulho
>			que entristece a alma
>			e tolhe a vista?

Michelangelo passou a vida toda esculpindo a tumba
                                           [de um Papa.
Penélope tecia e destecia os fios na espera da alvorada.
E o personagem de Kafka fenecia
ante a porta do castelo para ele aberta todavia.

>	Nenhuma obra de arte, no entanto,
>	resgata o sangue da tarde.
>	Nenhuma obra de arte distante
>	vale a vida que em mim arde.

– Sou o pintor impressionista ante a Catedral de Rouen?
a cada hora do dia pintando a cor da pedra
na tela do vário instante?
– Sou o ambicioso arquiteto da Catedral de Lübeck
que, senil, inscreveu do chão ao teto
o calendário
        até o ano dois mil?
– Ou um Milton protestante versificando o tormento
do Perdido Paraíso
        um poeta arquitetando
        pedras sem fundamento?

Os antigos erguiam igrejas e cidades
seguindo a linha dos astros.
Deus – o arquiteto, desenrolava os projetos
ante as barbas do profeta
e os fiéis levantavam na terra
                o simulacro do céu.
Assim surgiam palácios, fortalezas, dinastias,
até que seguindo a Ursa Maior, Arcturo e Touro
erguemos mansões e bancos já ulcerados de ouro.

Os antigos imaginavam montanhas e pirâmides
que fossem o centro do mundo, exatamente
como os modernos a contemplar no acrílico da sala
o próprio umbigo.
Ah, se o poeta pudesse desencadear as águas fecundantes
e edificar as pedras com a saliva de seu canto,
e refazer a Catedral de Tebas
com flauta e dança em vez de pranto!

Já nem sei quando foi que comecei a catedral desse poema,
o que cresceu nessas paredes, o que se enterrou
nos meus versos, que sermões preguei, se armei quermesses
tantas vezes parei, tantas recomecei,
tantas paguei promessas.

Nas igrejas de minha infância
sempre havia campanha para erguer um templo novo. Também
nesse paroquial poema, há anos colho ofertas, doações,

faço campanhas e coletas
inscrevendo o doador num grande livro de ouro e dor.

– Como posso eu, protestante,
num e/ gótico poema
descrever a igreja nova
que nasce da velha fênix?

Não posso viver 600 anos
        para ver sua conclusão.
Não posso esperar tanto tempo
        pela minha salvação.
É preciso que o poema saia logo
        das covas de minha mão.
Tenho urgências, chove fogo e mágoa nos escombros.
        Um dia, para mim, já são mil anos,
e cai enxofre atômico em meus ombros.

        Mas, posto que o tempo é morte
        e vida em movimento, e o poema é o nada
        e o tudo em complemento, não posso
        cortar das coisas
                seu normal renascimento.

        Este poema, como a Catedral, começa e re-
        começa a cada pedra, a cada bomba, a cada
        verso ou boca aflita e aberta, recomeça
        entre pestes negras e rezas brandas
        e estampidos de sangue que escorrem
        sobre as têmporas dos crentes.

        E estou começando a construir, re-
        construir, compreender, desaprender.
        Um dia chegarei à praça, à torre.
        Começo a compreender. O quê?
        Não sei. Começo a dissipar o porquê.

        Por isto, reconheço
        que a Catedral de Colônia
        é o recomeço da pedra,
        é a trégua, é a guerra,

é o texto do poeta
e pedra que me arquiteta.
A Catedral de Colônia
é o metro por onde meço
o fracasso do arremesso
na olimpíada do verso.
A Catedral de Colônia
é o hieroglifo do tempo,
machado paleolítico,
minha pedra de Roseta,
sigla num muro sujo,
desenho primal rupestre,
pintura na pele índia,
mais que pedra é a cinza,
é a fênix renascida,
o nosso eterno retorno,
o meu tardio começo
a vida dentro da morte
e a morte gerando a vida.

(Köln-1978 / Rio-1985)

O LADO ESQUERDO DO MEU PEITO (1992)
(Livro de aprendizagens)

APRENDIZAGENS VÁRIAS

ASSOMBROS

Às vezes, pequenos grandes terremotos
ocorrem do lado esquerdo do meu peito.

Fora, não se dão conta os desatentos.

Entre a aorta e a omoplata rolam
alquebrados sentimentos.

Entre as vértebras e as costelas
há vários esmagamentos.

Os mais íntimos
já me viram remexendo escombros.
Em mim há algo imóvel e soterrado
em permanente assombro.

CERTAS COISAS

Certas coisas
não se podem deixar para depois.

Muitos poemas perdi
pensando: "depois escrevo",
"agora estou almoçando"
ou "consertando a porta".
Assim, adiei-perdi
o melhor? de mim.

Certas coisas
não se podem deixar para depois,
e nisto incluo: frutos no galho,

mudanças sociais,
certas coxas e bocas
e esta manhã que se esvai.

Certas coisas
não se podem deixar para depois.

O amor não se adia
como se adiam o imposto, a viagem, a utopia.
O desejo sabe o que quer,
detesta burocracia.

Feito depois, o amor
é murcha lembrança
do que, não-sendo, seria.

Certas coisas
não se podem deixar para depois.

Como o amor e as pessoas,
não se pode recuperar
     – a poesia.

DIFICULDADES MANUAIS

Sempre tive dificuldades em escrever
                              à mão.

Com a esquerda nunca
pude executar bem as coisas
que me pedia.
A firmeza da direita nunca tive.
Trêmula se me mostra às vezes.
Com a idade não poderei tomar sequer uma xícara
de café.
Mas posso ainda dar um murro na mesa
ante a atual situação ou sobraçar um montão de rosas.
Bem, neste caso, quem treme
                   – é o coração.

EDITAL

Por este instrumento faço saber
que é verdade
                o que de mim dizem.
É verdade o que alardeiam os inimigos
e os amigos enfatizam.
Sou tudo o que me pespegam.

Quando me acanalham, é verdade,
e é verdade
                – quando me embalam.

Jovem, indignado,
tentei com engenho & arte
separar do trigo
a outra parte.
Já não consigo. Renegar o joio
é ter o trigo empobrecido.

Quando me atiram pedras, é justo.
Quando me atiram estrelas, quem sabe?
Não vou de mim, de vós, viver a contrapelo.
Sou como Ulisses
na ida e no regresso:
a soma dos descaminhos
a contradição em progresso.

LEMBRANDO NÉLSON RODRIGUES

Os idiotas da objetividade
neste momento estão somando
dois com dois e achando quatro.

Os idiotas da objetividade
acham que basta andar em linha reta
para se chegar a alguma parte.

Os idiotas da objetividade
estão construindo obras

com "rigor impecável"
e a isto chamam arte.

Os idiotas da objetividade
se julgam puros
e a certas coisas têm horror.
Ao excesso, ao pecado
e, evidentemente,
                    – ao amor.

PICASSO E AS MULHERES

> *Picasso aime inténsement, mais il tue ce qu'il aime.*
> PAUL ÉLUARD

Sete mulheres me amaram
mais que outras.

Sete mulheres me habitaram
como ostras.

Sete mulheres da Trácia, loucas,
sobre mim, Orfeu ibérico,
se estraçalharam
com meu coração na boca.

Doavam-me tudo o que tinham
e o que não tinham inventavam.
Davam-me seus rins e filhos,
o vermelho de minhas telas
e a fúria alada dos cabelos.

Eu, minotauro surpreso,
as via precipitarem-se
no labirinto dos quadros
e estilhaçarem-se no espelho.

Eu, fauno modernista,
as colhia, ninfas, à minha porta
e as deixava numa rua de Avignon
extasiadas e mortas.

Nelas viajei ao útero das cores
com meu desejo carmesim.
Fui o acrobata,
a trupe de remorsos,
o saltimbanco e o arlequim.
Beijava na fase rosa
esbofeteava na azul
e após cada quadro ou ato
quedava feliz,
                estupefato.

Sete mulheres me amaram
mais que outras.
Sete mulheres me habitaram
mais que ostras.
Sete mulheres deixaram
seu nome e sangue
coagulados em minha boca.

Aquele ocre, aquele verde
vem das telas de Cézanne?
Ou é a bílis das mulheres
em sua paixão suicida?
Esse rubro sobre a tela
é memória? ferida?
ou mênstruo da própria vida?

Nádegas cubistas,
vulvas impressionistas,
seios surrealistas,
grandes lábios dadaístas
e paixão de cores mistas.

Não sou um, sou tantos
quantos corpos amei. Tantos
quantas fêmeas toureando
aos cornos da Lua alcei.

O amor – tourada ou guerra –
é um combate,
– salve-se quem puder –

minha paixão é a Guernica
onde quem morre é a mulher.

INVEJA

O que fazer da inveja
                            desabrida
de repente
              desferida?

O que fazer da inveja
                            malgerida
ferida entreaberta
no olho voluptuoso
do invejoso
que quanto mais cobiça
a pele alheia
mais se sente leproso?

Sou pobre de tudo,
de espírito muito.
Cobiçar o que em mim?
A paisagem que persigo?
A esperança que rumino?
O meu trabalho no eito?
O leite da mulher amada
na palha onde me deito?

Não mereço a glória
de vossa fúria.
Advirto, é desperdício.
Deve haver para vossa inveja
melhor alvo e exercício.

De qualquer jeito,
como quem não quer nada,
saio meio de esguelha
pondo um dente de alho na janela
e um ramo de arruda na orelha.

TURISTA ACIDENTAL

Fui fotografado à minha revelia,
em frente a um templo egípcio
no Metropolitan Museum de Nova York.

À minha revelia, de novo, fotografado fui
na 5.ª Avenida às três e meia da tarde.

Assim, um sem-número de vezes
      em frente ao Coliseu,
      nas ruínas de Machu Picchu,
      perto da Torre de Londres,
      junto à Catedral de Colônia,
      sobre as pedras da Acrópole em Atenas,
      nas mesquitas de Istambul
      e, evidente, em Juiz de Fora.

Guardado estou
em álbuns
japoneses, italianos, americanos, alemães, franceses,
argentinos, senegaleses,
      disperso,
      desatento
como se aquele corpo
não fosse meu.

Quando mostram as fotos aos parentes e vizinhos
sou pedra-porta-árvore-sombra-paisagem.

Ninguém, reunindo as fotos, perguntará:
quem é este constante figurante
no flagrante do alheio instante?

Disperso-dispersivo estou.

Que álbum conterá a unidade perdida
revelada do negativo
perambulante que sou?

MINEIRANDO

Minas, sei que estás   – lá, em mim.
E eu quase pronto a reencontrar-te.
Agora que a caliça da pele,
agora que os transeptos dos ossos,
agora que as ogivas do riso,
agora que os florões dos olhos,
agora que os adros do silêncio,
agora que a água benta dos rins,
agora que o ouro dos crepúsculos,
agora
    enfim
        talvez
eu possa reencontrar
o que em mim nasce enquanto morro.

Meu passado minaz em Minas.
Profeta fui, sim, mas protestante.
Começo a pesquisar
no velho o infante,
embora um no outro
já percebesse antes.
Eu, pigmeu,
que persigo a trilha dos gigantes
e o cemitério
onde se desfazem
os fabulosos elefantes:
                Rosa
            Nava
                Drummond
            Murilo
e alguns que vieram antes.

IR PARA MINAS

Ir para Minas é voltar para casa
quando o cansaço do mundo nos abate.

Volto, então, ao cicio de Minas,
ao cheiro de alho nas cozinhas,
à fala cheia de "sabe", "gente", "trem", "uai", "Nossa"
"demais da conta".

Venho nos outros me escutar. Espelho
côncavo convexo
onde o direito e o avesso
passado e presente
encontram um eixo.

LEITURA NATURAL

Tendo lido os jornais
– infectado a mente, enauseado os olhos –
descubro, lá fora, o azul do mar
e o verde repousante que começa nas samambaias
da sala
e recrudesce nas montanhas.

Para que perco tantas horas do dia
nessas leituras necessárias e escarninhas?
Mais valeria, talvez, nas verdes folhas, ler
o que a vida anuncia.

Mas vivo numa época informada e pervertida.
Leio a vida que me imprimem
e só depois
o verde texto que me exprime.

IMPROVISO 1982

Não faltou pão na minha mesa hoje, antes
a mulher, diligente, nos alimentou com sopas
e preencheu nossa alma com queijos, patês
e frutas da estação.

Ninguém assaltou minha casa hoje
ou violou o corpo de minhas filhas. O revólver
dorme na gaveta ensarilhado como um cão de aço.

Há pouco era Vivaldi, agora esse concerto de Mozart.
Mas os desempregados do mês se metem entre a harpa
e a flauta e gritam, gritam, gritam
e queimam ônibus em plena sala.

Quantos desempregados posso empregar
com meu afeto? Quantos desempregados
na área do ABC e fora do alfabeto?

Tenho um diploma, suado é verdade.
Subo a serra, tenho uma casa de campo
e na neblina me iludo que não me acharão
os revoltados. Subo ávido, de carro,
a 100 ou 120 por hora.

Meu vinho custa o dobro
de um ano atrás.
Na minha horta tenho alguns legumes
e remorsos.
Me sinto rico por ter dois pares de sapato
e dois olhos encharcados de impotência.

Os que faziam versos pela paz na década de 40
julgavam que teríamos o quê, nesses 80?
O que dizer a Éluard, Neruda, Sandburg e Lorca
do nosso impasse?

O adágio de Mozart de novo atravessa-me a sala
e o poema, depois que Segóvia emudeceu suas cordas.

Os pobres, no entanto, continuam
espalmando a fome na vidraça.

Se eu repartisse o pão com esses milhares
não chegaria a alimentá-los e ficaria faminto
e pobre, embora com a consciência aliviada.

O concerto de Mozart em minha sala
e o desconcerto do mundo a me executar.

Não, ninguém assaltou minha casa hoje
ou violou o corpo de minhas filhas, e o revólver
dorme na gaveta ensarilhado como um cão de aço.

O NADA ESCRITO

1

Neste 2 de julho de 1988
nada aconteceu comigo,
que estou na cama de hepatite.
Descubro o entardecer sobre as montanhas do Corcovado
enquanto uma coluna de luz jorra sobre a Lagoa.

Não aconteceu nada
para mim, comigo
neste 2 de julho de 1988.
Os investidores nos escritórios e bolsas fizeram seus lances
sem mim,
todos os ônibus e táxis da cidade seguiram seu
rumo sem mim,
a invasão da favela não dependeu de mim
e se não tivesse ligado o rádio agora no entardecer
essas valsas de Brahms
estariam soando como essas nuvens na noite se dissolvem
sem mim.

Nada aconteceu neste 2 de julho de 1988,
exceto este poema
     com que o surpreendi.
Mas este poema também é nada,
senão a escrita de mais um dia
       que perdi.

2

Engano-me.
Perdidos foram-me apenas
os dias que não escrevivi:
     – a mínima letra
      no branco instante.
Aí, sim, criou-se o vácuo
o mudo grafito
no muro nenhum.

Ou me iludo?
Nada se perde.
Nunca se ganha.

Ao fim de cada poema
ou dia.
Anota-se, ou não,
uma inaudível melodia.

DESMONTE

Desmontar o acessório.
Assumir as proporções próprias.
Não ser mais que o barco
ou montaria
para evitar naufrágio e ranhuras
no cruzamento
com desbordantes criaturas.

Tirar dos ombros
esse peso: descarregá-lo.
Fardo.

Como se descarrega
um morto, um fantasma
um eu inócuo, torto.

Comezinha sabedoria
e, no entanto, custosa.
Tão parca colheita,
mas radiosa.

Vida: seleção de erros,
mas afeitos, necessários,
quase sobrevivência
de acertos.

CERTEZA

Quero
a certeza, a certeza
da fera
       que dispara,
abate a presa
e banqueteia
sobre a relva ou mesa.

A certeza firme,
embora peregrina,
dos que cegamente rezam
montanha acima.

A certeza
        do carrasco
na guilhotina. A certeza
desabalada
da manada
estourando na campina,
a certeza do mau poeta
com suas rimas.
A certeza
além da lógica formal.
A certeza industrial
que liga e desliga
os conceitos
        de bem e mal.

Ao contrário
– vacilante e intranqüilo –
sou o caçador cujo gatilho
espanta a caça
antes do tiro,
dançarino de pés mancos
que desaba aos trancos
sobre o palco,
ladrão
que devolve em dobro

o roubo
        – antes do assalto.

A certeza, sei, é desumana,
é carapaça, couraça, verniz, mentira, máscara
e incapacidade
        – de viver o drama.
Mas, às vezes, gostaria
de ter a estúpida e feliz certeza
do ditador no trono.
A certeza, por certo, causa dano
mas é aspiração confessa
de quem, nietzschiano, se cansa
de ser humano,
        – demasiadamente humano.

ODE OLÍMPICA 1988

(para Junito Brandão)

De uma só raça, apenas uma
nós somos, deuses e homens.
PÍNDARO

E como ficou chato ser moderno
agora serei eterno.
DRUMMOND

1

Os mais destros, os mais fortes, os mais belos
se ajustaram no Olimpo
para um concílio de glórias.

Um domina o dardo,
        este arremete o disco,
                aquele lança a bola,
outros disparam o músculo
ou descrevem espiraladas curvas de luz no ar.
Os humanos, perplexos,
aprendem a contemplar.

Ser Deus é levitar.

Fanfarras e bandeiras anunciam
novos heróis de Delfos, Neméia e Seul.
Os persas suspendem a guerra.
É verão ao norte e a lua cheia se intumesce ao sul.
Num combate de corpos e lanças
emerge a dança do urso branco
e do dragão azul.

Da cabeleira dos heróis o ouro escorre
e hoje Deus é jovem.

2

Quem neste momento Píndaro invocaria?
Ele, cujo poema em ouro, no Templo de Minerva
se inscrevia.
Ele, cuja voz era tão doce
que as abelhas faziam colméia nos seus lábios
enquanto adormecia.

Píndaro louvava só heróis.
Que para ele eram centauros e titãs.
Ele, o poeta-águia, o avesso
dos rasteiros e modernos leviatãs.

3

Exausto de anti-heróis
de antiodes,
de dissonantes acordes,
fatigado de fracassos tropicais,
alquebrado com derrotas continentais,
provar eu quero, como os deuses, por um dia
o néctar da fama e a eternidade da ambrosia.

Não posso mais procrastinar o Olimpo.
Foi-se-me o tempo da paródia humana.
Se os atletas, sendo homens,
têm a luminescência dos cometas,

então, não sou tão reles, neles
minha carne transverbera o humano drama.

Para longe de mim a lembrança
de que esses jogos vêm dos ritos funerários.
Dialoguei demais com os mortos
e aos perdedores penhorei meu ser precário.
O Sol, contudo, soberbo Deus em chamas
nos conclama a dourar em nossa carne
a imperfeição humana.

Há qualquer coisa na linha do horizonte
que é preciso ultrapassar.
Há qualquer coisa neste instante
querendo se eternizar.
Há qualquer coisa em nossos músculos
pronta para aflorar.

Os mais destros, os mais fortes, os mais belos
me contaminam.
A perfeição humana me alucina.
Súbito, a glória alheia me resgata
e me ilumina.

MALES DO CORPO

O que falta
mais eu ter?

Três meniscos se me foram
(é verdade, sobrou um)
quebrou-se-me um braço,
uma perna se me partiu,
extirparam-me amígdalas,
costuraram-me as hérnias várias vezes,
uma pedra no rim fez de mim
Sísifo interno,
os olhos enxergam menos,
um ouvido se emudece,
cabelos se desesperam

e agora, uma hepatite
me prostra e eu sei
que me aguarda a próstata.

– O que me falta
além da danação do corpo?

– O corpo da nação enfermo.

ANTES QUE ESCUREÇA

Antes que escureça
                      levanto-me
para olhar o mar azul
                    e vejo
a iridescente luz nas plantas do jardim
antes que escureça.

Uma gaivota – não é banal
antes que escureça – corta o azul
e ouço ruídos
alardeando que a tarde ainda resiste:
– uma buzina
– gritos de criança nas esquinas
– um latido intermitente
desde a infância
                 – antes que escureça.

O Sol segue sua rota
entre a montanha e o mar.
A tarde, exasperada, luta
e minha mão, gaivota
sobre o azul morrente, escreve
– antes que escureça.

ERRANDO NO MUSEU PICASSO

Picasso
      erra
            quando pinta

                    e erra
                            quando ama.

Mas quando erra,
                    erra
violenta e
generosamente,
                    erra
com exuberante
arrogância,
            erra
como o touro erra
seu papel de vítima,
sangrando
quem, por muito amar, fere
e sai ovacionado
com bandeirilhas na carne.

Pintor do excesso
                    e exuberância,
Picasso
    é extravagância.

Ele erra,
        mas nele,
                    o erro
mais que erro
            – é errância.

ATELIÊ DE CÉZANNE

No ateliê de Cézanne
os objetos sobrantes de seus quadros
nos contemplam:

Três caveiras sobrepostas sobre a cômoda.
O jarro de flores.
As garrafas.
O chapéu sobre a cadeira.
A bengala.

As maçãs, as romãs.
As cebolas
com seus talos.

Cá fora
       expostos
ao tempo
            apodrecemos penosamente.

Mas os objetos de Cézanne vitoriosos
nos olham
         estacionados
                   na eternidade.

SAINTE VICTOIRE

Montanha de metamorfoses
conforme as cores do dia.

Cézanne a pintava
e nunca a apreendia.

Rolava seu pincel de Sísifo
cor abaixo, forma acima
com desesperada maestria.

Nunca a apreendeu.
A montanha – volátil dinossauro,
sempre lhe fugia.

MODIGLIANI

Entre 1915 e 1920
pintou Modigliani
suas mulheres.
Belas coxas!
O longo pescoço,
o rosto ovalado,
os olhos vazados
sem história.

Lá fora a Grande Guerra
explodia
as molduras do presente.
No entanto, nenhum tiro,
nenhum sangue respingou
sobre seus quadros.
A não ser, é claro, o seu
quando ele
        – se matou.

GEORGIA O'KEEFE EM NOVA YORK

Grandes lábios ou conchas
pulsando pétalas vermelhas,
onda vegetal ou língua
floral das labaredas:
– Tudo são camadas geológicas de fêmea.

Paleolítico grito,
mesozóico espanto.
Tudo são glândulas e nuvens
numa convulsa vulva
e óssea floração da morte.

A orquídea infesta a testa da caveira,
a pélvis, o ovo azul, a derramada gema,
as sépalas na tela seriam líricas
não fossem pétalas do assombro.

Tudo são camadas geológicas de fêmea.

O CORPO EXIGE

Presto distraída atenção ao meu corpo.
O que me pede, eu faço.
Às vezes, não entendo logo suas ordens, mas
cedo sempre.

Me achego a ele e indago:
– O que queres? Ah, é isso? Então, concedo.
Sempre que eu resisti
um de nós saiu-se mal.

Nas 24 horas do dia, ele pede,
e quando cala, fala
num discurso de sonhos
que me abala.

Ele sabe. Eu sei que ele sabe,
e sabe antes de mim, e nele
eu sei dobrado, sou um-e-dois
como os dois cortes de um sabre.

CINCO DA TARDE

Estas cinco horas da tarde
jamais voltarão a acontecer.

A mulher lendo e escrevendo à mesa
enquadrada por orquídeas no jardim.
O Sol numa rajada de luz
entre cortinas e ramagens.
A cama desfolhada, possuída
num repouso de lembranças.

Leio um ensaio sobre a poetisa
que ajudei a parir.

Nunca mais estarei aqui
às cinco horas de uma tarde assim.

Na estrada, entre pinheiros,
passa, de bengala, o vizinho
que envelhece,
vai comer bolo e chá
com a vizinha pianista.

Pássaros cantam, insetos voam
e eu sinto uma paz absurda
como se essas cinco horas da tarde
fossem me transcender.

PEQUENOS ASSASSINATOS

Vegetariano
         não dispenso chorar
sobre os legumes esquartejados
no meu prato.

Tomates sangram em minha boca,
alfaces desmaiam ao molho de limão-mostarda-azeite,
cebolas soluçam sobre a pia
e ouço o grito das batatas fritas.

Como.
Como um selvagem, como.
Como tapando o ouvido, fechando os olhos,
distraindo, na paisagem, o paladar,
com a displicente volúpia
de quem mata para viver.

Na sobremesa
continua o verde desespero:
peras degoladas,
figos desventrados
e eu chupando o cérebro
amarelo das mangas.

Isto cá fora. Pois lá dentro
sob a pele, uma intestina disputa
me alimenta: ouço o lamento
de milhões de bactérias
que o lança-chamas dos antibióticos
exaspera.

Por onde vou é luto e luta.

CANIBALISMO ATUAL

No futuro
ergueremos um monumento
ao animal desconhecido.
Por ora, dissecamos suas entranhas

em laboratórios e açougues
afiando nossas lâminas
na pedra de seus rins.

No futuro um remorso monumental.
Agora, insensíveis, racionais,
nos refestelamos sobre as vísceras das presas.
No futuro se envergonharão de nós,
de nós que nos julgávamos modernos
– modernos canibais.

DESEJOS

Disto eu gostaria:
ver a queda frutífera dos pinhões sobre o gramado
e não a queda do operário dos andaimes
e o sobe-desce de ditadores nos palácios.

Disto eu gostaria:
ouvir minha mulher contar:
– Vi naquela árvore um pica-pau em plena ação,
e não: os preços no mercado estão um horror.

Disto eu gostaria:
que a filha me narrasse:
– As formigas neste inverno estão dando tempo às flores
e não: me assaltaram outra vez no ônibus do colégio.

Disto eu gostaria:
que os jornais trouxessem notícias das migrações
dos pássaros,
que me falassem da constelação de Andrômeda e
 da muralha de galáxias que, ansiosas, viajam a
  300 km por segundo ao nosso encontro.

Disto eu gostaria:
saber a floração de cada planta,
as mais silvestres sobretudo,
e não a cotação das bolsas
nem as gloríolas lítero-semanais.

Disto eu gostaria:
ser aquele pequeno inseto de olhos luminosos
que a mulher descobriu à noite no gramado
para quem o escuro é o melhor dos mundos.

IMAGEM

Não sou dono dessa imagem que sou eu.
Não sou dono dessa imagem: ele.
Ele não sou eu.
Conversamos nos desvãos das frases.
Intervalamos pronomes pessoais.
Eu sou meu ele?
Com essa caneta na mão escrevo.
Com essa cabeça nos ombros espantado penso.
Olho aquele, elo, ele.
Quem sou ele?
Desamparado me perco no intervalo
do espelho.

CONJUGAÇÃO

Eu falo
tu ouves
ele cala.

Eu procuro
tu indagas
ele esconde.

Eu planto
tu adubas
ele colhe.

Eu ajunto
tu conservas
ele rouba.

Eu defendo
tu combates
ele entrega.

Eu canto
tu calas
ele vaia.

Eu escrevo
tu me lês
ele apaga.

REFLEXIVO

O que não escrevi, calou-me.
O que não fiz, partiu-me.
O que não senti, doeu-se.
O que não vivi, morreu-se.
O que adiei, adeus-se.

APRENDIZAGEM DA HISTÓRIA

EPITÁFIO PARA O SÉC. XX

1. Aqui jaz um século
onde houve duas ou três guerras
mundiais e milhares
de outras pequenas
e igualmente bestiais.

2. Aqui jaz um século
onde se acreditou
que estar à esquerda
ou à direita
eram questões centrais.

3. Aqui jaz um século
que quase se esvaiu
na nuvem atômica.
Salvaram-no o acaso
e os pacifistas

com sua homeopática
atitude
     — *nux-vômica.*

4. Aqui jaz o século
que um muro dividiu.
Um século de concreto
armado, canceroso,
drogado, empestado,
que enfim sobreviveu
às bactérias que pariu.

5. Aqui jaz um século
que se abismou
com as estrelas
nas telas
e que o suicídio
de supernovas
contemplou.
Um século filmado
que o vento levou.

6. Aqui jaz um século
semiótico e despótico,
que se pensou dialético
e foi patético e aidético.
Um século que decretou
a morte de Deus,
a morte da história,
a morte do homem,
em que se pisou na Lua
e se morreu de fome.

7. Aqui jaz um século
que opondo classe a classe
quase se desclassificou.
Século cheio de anátemas
e antenas, sibérias e gestapos
e ideológicas safenas;
século tecnicolor

que tudo transplantou
e o branco, do negro,
a custo aproximou.

8. Aqui jaz um século
que se deitou no divã.
Século narciso & esquizo,
que não pôde computar
seus neologismos.
Século vanguardista,
marxista, guerrilheiro,
terrorista, freudiano,
proustiano, joyciano,
borges-kafkiano.
Século de utopias e hippies
que caberiam num chip.

9. Aqui jaz um século
que se chamou moderno
e olhando presunçoso
o passado e o futuro
julgou-se eterno;
século que de si
fez tanto alarde
e, no entanto,
      – já vai tarde.

10. Foi duro atravessá-lo.
Muitas vezes morri, outras
quis regressar ao 18
ou 16, pular ao 21,
sair daqui
para o lugar nenhum.

11. Tende piedade de nós, ó vós
que em outros tempos nos julgais
da confortável galáxia
em que irônicos estais.
Tende piedade de nós
– modernos medievais –

tende piedade como Villon
e Brecht por minha voz
de novo imploram. Piedade
dos que viveram neste século
per seculae seculorum.

OBRA HUMANA

Me assento na privada deste hotel
onde Gullar e Callado provavelmente defecaram
nas manhãs de ontem e anteontem
olhando a mesma cama e paisagem,
pensando na merda que é este governo
e este país.

Sempre penso no que pensa a Rainha Elizabeth
no mais humano dos tronos.
Trono. Onde descomo.
Escritores somos
obrando no intestino do deus Cronos.

Que merda de país!
Drummond diria: este é ainda
um tempo de fezes, maus poemas.

Se é isto que nos foi dado obrar., obremos.

DÉCADA PERDIDA

Perdeu-se
       – como se perde algo
      no computador.

Perdeu-se
      uma década inteira
      abaixo do equador.

Perdeu-se
      como uma carta se perde
      não no correio, mas
      nas mãos do jogador.

Perdeu-se
> como se perde a moeda
> na rua e outros desatentos
> perdem a casa e o amor.

Perdeu-se.
> E o pior, sabemos onde
> e como, mas nunca
> quem a achou.

Perdeu-se
> como se perde
> o bilhete premiado,
> o best-seller rasgado,
> a carreira abandonada,
> a viagem cancelada,
> o beijo nunca dado,
> na platônica namorada.

Perdeu-se
Perdi-me
Perderam-nos.

> Dez anos assim se somam
> a outros dez ou vinte passados,
> são duas gerações, trinta anos, talvez,
> de história congelada.

Não foi um minuto,
um dia, um ano, foram
dez anos de vida hipotecada
que se somaram a tantos
de história estagnada.

Por quanto tempo uma vida
pode viver adiada?

MORRER NO BRASIL

Morre
      (em mim)
              o meu país.
Morre
      com meus amigos
              que morrem
morre
      com cada dia
              que morre
      quando morro
      não apenas no caixão
      mas humilhado nos guichês
      nas notícias da tevê
      no achaque, na extorsão.

O guarda
      leva-me o fígado
o mecânico os braços
o político me convence
de que sou boneco de palha
e no aquário das esquinas
piranhas me atacam
deixando-me um esqueleto
exposto nas vitrinas.

Sinto que me expropriam o olho
                     a perna
                     a pena
                     o pensamento
                     o poema.

Morro
      a cada notícia no jornal
morro
      a cada decreto espúrio
que me expropria o mais banal
morro
      em minha casa
              nas favelas e morros.

Morre (em mim) um sonho de país
uma ilusão histérica
ou histórica?

Como o doente terminal, cabeça lúcida,
vê fanar-se canceroso o corpo corroído
gânglios inchados
nódulos nos seios
o avanço lento para a treva
em vez do romântico arrebol

vivo
    num país que me des/mata
respiro
    num país que me enfumaça
acuado
    num país que me seqüestra
    e como resgate exige
    minha alma selvagem em pêlo.

Humildemente me recolho.
Procuro um colo ou ombro.

Irmão, eu choro
    – um amazônico desconsolo.

HINO DA CANALHA

A canalha se ajuntou de novo, a canalha!
Em torno da mesma mesa e toalha
e acanalhando-se outra vez
acanalhou-nos a todos, a canalha!

A canalha é ávida e inquieta, a canalha!
Tem a audácia do corvo e a avidez da gralha,
com bico de urubu fuça a mortalha,
a canalha não larga o osso, a canalha!

No jogo do faz-desfaz, a canalha
nos mantém no fio da navalha,
vive brincando com o fogo
e sai rindo da fornalha, a canalha!

Achincalha tudo o que toca, a canalha!
E ela nunca tarda e nunca falha,
sabe onde semeia e amealha,
mistura o trigo com a palha, a canalha!

Trabalha em silêncio a canalha!
E pode ter cara jovem ou grisalha.
De novo vão fazer o banquete
e nos jogar a migalha, a canalha!

A canalha não tem ética, a canalha!
Mostra os seus brazões e medalhas,
guarda os cofres na muralha
e faz da história uma bandalha, a canalha!

Diante dessa canalha
não sei se é melhor falar direto
ou se a metáfora atrapalha.
Bato no meu poema ou cangalha
e denuncio à minha gente a gentalha.

Pudesse fugir, fugia
para Pasárgada, Maracangalha,
Diante dessa canalha
valha-me Deus!
e o próprio demônio valha!

HAICAI MALLARMAICO LATINO-AMERICANO

Um golpe militar
jamais
abolirá o azar.

A COISA PÚBLICA E A PRIVADA

(República, vem do latim *res* = coisa + pública)

Entre a coisa pública
e a privada

achou-se a República
assentada.

Uns queriam privar
da coisa pública,
outros queriam provar
da privada,
conquanto, é claro,
que, na provação,
a privada, publicamente,
parecesse perfumada.

Dessa luta intestina
entre a gula pública e a privada
a República
acabou desarranjada
e já ninguém sabia
quando era a empresa pública
privada pública
ou
pública privada.

Assim ia a rês pública: avacalhada
uma rês pública: charqueada
uma rês pública, publicamente
corneada, que por mais
que lhe batessem na cangalha
mais vivia escangalhada.

Qual o jeito?
Submetê-la a um jejum?
Ou dar purgante à esganada
que embora a prisão de ventre
tinha a pança inflacionada?

O que fazer?
Privatizar a privada
onde estão todos
publicamente assentados?
Ou publicar, de uma penada,
que a coisa pública

se deixar de ser privada
pode ser recuperada?

– Sim, é preciso sanear,
desinfetar a coisa pública,
limpar a verba malversada,
dar descarga na privada.

Enfim, acabar com a alquimia
de empresas públicas-privadas
que querem ver suas fezes
em ouro alheio transformadas.

SER NACIONAL

Neruda dizia cansar-se às vezes de ser homem.
É normal.

Às vezes me canso de ser brasileiro
24 horas por dia. É mortal.

Não que de manhã quisesse ser francês,
comer baguette, no almoço ser italiano
com ravióli ou spaghetti,
e no jantar comer frios alemães
e, belga, comer raclette.

Refiro-me à hora dos impostos.
Pago como americano,
mas quanto aos benefícios
me dão o cano.
Já que pago pedágio
com reincidência francesa,
gostaria de, além de estrada,
ter serviço médico à inglesa.
Gostaria como suíço
de programar a vida, ter controle
da inflação
e das frutas do quintal.
Como japonês, gostaria

de ser duplo: samurai
e com futuro sideral.

Tenho liberdade física, individual
para fazer zorra, chegar tarde, furar sinal,
fraudar imposto,
mas é isto ser brasileiro, afinal?

CANSAÇO HISTÓRICO

Triste, tardio descobrimento. Outrora
pensei: somos o acúmulo de re-cobrimentos;
bastar re-velar.
Revelei.
Revelei-me.
Revoltei-me.
Cansei de relevar.

Triste, tardio descobrimento: a história
é a estória dos desvios, múltipla ficção;
a ilusão, sim, é linear,
e eu cansei de me adiar.

Quem for ex-brasileiro
                        que me siga.
Quem ainda for ingênuo
                        – que prossiga.

PARTIDO

Por não ter sido do Partido
constato condoído
que muitos que o foram
continuam confundidos.

Por não ter sido do Partido
vejo com assombro
que muitos buscam fundamento
onde só há escombro.

Por não ter sido do Partido
imagino como é frustrante
pensar ter sido amante
e ser marido traído.

AUTOCRÍTICA

1

Afinal
>depois de tantos anos
>correndo da polícia,
>depois de tantos anos
>telefonando assustado,

>depois de tantos anos
>planejando a utopia,

>depois de tantos anos
>queimando documentos,

>depois de tantos anos
>de passaporte vigiado,

>depois de tantos anos
>falando meio de lado,

>depois de tantos anos
>de paradeiro ignorado,

>depois de tantos anos
>afastados da família,

>depois de tantos anos
>organizando comícios,

>depois de tantos anos
>quase sem ver os filhos,

>depois de tantos anos
>>ter que concluir
>que estávamos equivocados

e ter que ler a história
de trás pra diante

                          convenhamos
é dose pra elefante.

2

Então foi para isto
    que exercitávamos dialética
    nas células e celas?
Então foi para isto
    que nos sugaram a medula
    nos sovietes e sibérias?

Como o elefante mata o filho
com seu peso sufocante,
como o dono prende o cão, que ama
e o escraviza até no sono,
– nos enganavam.

Nos enganavam
mantendo a escuridão
e nos prometendo o brilho,
nos enganavam
antevendo o desastre
e nos mantendo nos trilhos,
eles, da elite dirigente,
nos enganavam de má-fé,
libertavam, nas dachas, seus instintos
e mantinham nossa alma
na galé.
Nos enganavam e, no entanto, negávamos
que nos enganavam. Negávamos
ante o primeiro cadáver
e diante de milhares, negávamos.

Éramos cegos? Loucos para ver?
Estávamos do lado certo:
nada poderia nos suceder.
A História era a Nossa Senhora,
ela ia nos valer.

Se éramos o arquiteto do novo homem,
por que
a construção desabou em nossos ombros?
Se éramos os militantes do reino,
por que não avistamos Canaã?

Como milhões, se não são loucos,
por tantos anos
podem ser enganados por tão poucos?
Como podem converter a multidão sonâmbula
numa humana vara de porcos
conduzindo-os como vivos-mortos?

Falávamos de ópio
– como religião alheia –
outro ópio, no entanto,
discursava em nossas veias.

VIVENDO E APRENDENDO

Não poderemos jamais negar
que, os ditadores,
os dividíamos em bons e maus,
e aos que eram bons
               permitíamos
as coisas que os maus, porque são maus,
maldosamente se permitem,
e quando fuzilavam opositores,
dizíamos:
– São inimigos da humanidade,
não faz mal que morram.

Não poderemos jamais negar
o epíteto de utópicos – idealistas.
A esses, praticar o mal é permitido.
Assim esmagávamos delicadamente
a vida com nossas patas e tenazes,
pois havia uma desculpa insofismável:
– tínhamos asas nos ombros.

REMORSO HISTÓRICO

Jovem, tentei escamotear. Impossível.
Culpado eu era. O quanto não sabia.

Fui eu quem armou a mão de Brutus
na traição a César no Senado.
Fui eu quem traiu Atahualpa, o inca,
e dizimou os astecas.
Fui eu quem matou o czar e sua família
e ateou fogo à aldeia vietnamita
e toda noite comete execráveis crimes
na tevê.

Se não fui eu
quem morreu em Waterloo e traiu em Verdun,
se não fui eu
quem torturou o guerrilheiro argelino-argentino,
se não fui eu
quem matou Lorca, Chatterton e Maiakovski,
então,
>   por que essa insônia,
>   esse impulso de entrar na primeira delegacia
>   e declarar: Me Prendam!

Se não fui eu,
>   então por que volto sempre tenso ao local do crime
>   deixando ali vestígios e poemas?

DIALÉTICA 1961

Então me digo:
– Se a história é isto,
eu desço do bonde agora.

Mas o exegeta perora:
– Não é você quem desce.
É a história que passa
e vai embora, é a história
que te come e caga fora.

Gosto da frase, embora
crua e sonora. A compraria
e a exibiria nas salas
arquivando-a na memória.

– Deixo a história?
– Ou ela me bota fora?

– Será que a história
é uma velha senhora?
ou uma escola com bedel
batendo a hora?

Será um trem que me deixa
pedestramente na plataforma?

Será um clube? nau de santo?
caravela missionária, que passa enfunando as velas
e nos deixa como índios na praia
desembarcando seus eleitos na glória?

(Coisas de quando havia dialética
e de quando havia história.)

DIALÉTICA 1970

Eles lutam pela dignidade humana,
por isto seqüestram um homem, o torturaram
e à sua família (por telefone)
e, por fim, o executaram,
porque lutam pela dignidade humana.

Eles querem liberar os pobres e oprimidos
e lutam contra os gananciosos,
por isto explodiram a estação de trens
com trabalhadores e turistas
celebrando a vitória sobre as fotos dos destroços,
porque querem libertar os pobres e oprimidos.

Eles sonham com uma pátria
com pão e ordem para todos,

por isto meteram milhares na prisão,
exilaram outros tantos
e não permitem que se queixem os que ficaram,
porque sonharam com uma pátria
com pão e ordem para todos.

Assim se faz a história:
com a agressividade de poucos,
com a ingenuidade de muitos
e a dialética dos tolos.

GUERRAS

Todas as guerras são estúpidas,
não só as púnicas.
Todas as guerras são estúpidas
inclusive as guerras santas
– diabólicas todas.
Todas as guerras são estúpidas.
inclusive a Guerra das Rosas
e seu despudorado mau cheiro.
Todas as guerras são estúpidas
mesmo as de libertação.

Todas as guerras são estúpidas
e os estrategistas, que se crêem cientistas,
são geômetras
    – da estupidez.

POSTERIDADE

Eles vão nos achar ridículos, os pósteros.
Nos examinarão
com extrema curiosidade
e um tardio afeto.
Mas vão nos achar ridículos, os pósteros.

Olhado de lá
    tudo aqui

será mais claro
          para eles
que nos verão
inteiramente diversos
do que somos,
bem mais exóticos
do que somos.

– Como esses primitivos
ousavam se chamar modernos?
Farão simpósios, debaterão
e chegarão a bizarras conclusões.

Assim entraremos para a história deles
como outros para a nossa entraram:
não como o que somos
mas como reflexo de uma reflexão.

A MORTE DAS IDEOLOGIAS

1

Um dia, começaram a morrer, visivelmente,
as ideologias.
As mais fechadas
esborracharam-se
da noite para o dia.
Outras ainda resistem,
– são mais espertas –
e aparentemente controlam
a incontrolável rebeldia.

2

O mundo, certamente, não é
como os ideólogos queriam.
O mundo é
          vário
e o homem
– incontrolavelmente revolucionário –

revoluciona, às vezes,
de trás pra frente
e ao contrário.
Nossa pretensão
aglutina teorias
mas a prática
nos desmente.

Isto é o que nos salva,
embora o controle da história
escape à gente.

AS UTOPIAS

Utopias
são facas
de dois
gumes:

Num dia
dão flores,
noutro
são estrume.

Na travessia
do deserto
as utopias
são miragens.

Mas como
se alimentar
de paisagens?

As utopias
mobilizam.
E a longo prazo
paralisam.

Utopias
são ambíguas:
podem aliviar

no presente
as fadigas,
mas no futuro
levam a um muro
sem saída.

Mais que
dilema
bigume:
estrela
e negrume,
trampolim
e tapume
ou fênix
implume,
nenhuma
imagem
as utopias
resume.

As utopias
são facas
de três gumes.

O MURO DE BERLIM

1

O que se ergue em mim
com esse muro
que cai em Berlim?

Poderia dizer coisas banais, tipo
esperança & paz, repetir os jornais, mas,
do húmus desse muro, brota mais.

Como nomear o que aí nasce
se toda palavra é limite, sinal-a-menos
e a realidade
       – sinal-a-mais?

2

Há alguns anos, sentado
sobre a pedra desse muro
conjeturo:

muro mundo
infindo infundo.
Isto é ruína.

Isto é ruína
onde o cão urina
e o mofo cola, é ruína
de baixo a cima,
que não se sabe
onde começa
ou culmina.

Muro mundo
infindo infundo:

multidão
multidão
multidão
    solidão
        solidão
        solidão
contra
       – o muro.

Mais uma geração vai,
outra geração vem
e onde havia musgo e medo
          pedra e fúria,
agora há uma canção.

3

Esse muro nos petrificava.
Esse muro nos cimentava.
Esse muro nos esmurrava.
Esse muro nos muro-ficava
          muro-ilhava
          muro-aviltava,

esse muro nos
               – mumificava.

Como a história do sim
contém a história do não,
este muro começou a ser erguido
antes de nossa mão: antes
do cáiser, antes
do czar, antes
do César, antes
               – do Grande Khan.

E esse muro
não caiu de repente. Caiu
para fora após ruir
internamente.

Nisto o passado ao presente
outra vez se acopla: outra vez
caiu Constantinopla, outra vez
caiu o Império Turco e Romano,
e a gente se horroriza
e maravilha
com outra Queda da Bastilha.

4

Esse muro já ruía
toda vez que na Sibéria
alguém, sonhando no gelo,
– o derretia.

Esse muro já ruía
quando aquilo que separava,
ao invés de separar
               – unia.

Esse muro já ruía
toda vez que a tirania
pensava estar dando frutos
e, no entanto,
               – apodrecia.

5

De pedra em pedra,
a história do homem
é a sublime história
de suas quedas.

Não mais, como ratos, fugir por seus buracos
que não em humana festa.

É hora de, em júbilo, dançar
sobre seus cacos.

Por isto, volto a perguntar:
o que se ergue em mim
com esse muro
que cai em Berlim?

Leio e desleio a história nos jornais.

Todo muro é limite, sinal-a-menos
e a liberdade
        – sinal-a-mais.

FRAGMENTO DE HISTÓRIA

E tudo ia, digamos, mais ou menos
até que veio a peste negra de 1348.
E em breve plantávamos de novo os arrozais
quando veio a peste rosa de 1361.
Mas refizemos a alegria dos bordéis e sinos da paróquia
até que veio a peste vermelha de 1564.
E após a peste de 1586, que veio após o carnaval de 1578,
resolvemos dançar para sempre
na lâmina da noite
até que viesse uma outra peste
ou o arco-íris.

DOIS POEMAS MEXICANOS

1. VISÕES

Na igreja de Nossa Senhora de Guadalupe
a história
        não passa.

Lá fora a poluição,
        a dívida externa,
        a melancolia asteca.

Mas aqui
a história está coagulada.

Um coro de meninos índios, de longas batas,
                vermelho-e-branco,
canta culpas e aleluias colonizadoras.
O sacerdote (espanhol) lê latim,
reconta a história de Daniel no reino de Baltazar.
Nas paredes, painéis e esculturas são aluviões
da Grécia, Judéia, Espanha e sangue asteca.

Que sublime mestiçagem!
                (O coro canta)
– Juro que vi o rosto de Cortez assomar atrás do altar.

2. IDENTIDADE

Há algo familiar aqui:
        a polícia nas ruas,
        os camelôs na calçada,
        esses rostos primitivos.

Há algo familiar aqui:
        o fatalismo nas veias,
        a dependência econômica,
        um passado imperial
        e um futuro duvidoso.
Há algo familiar aqui.

Somos extremamente parecidos.
E quase alegres.

GÊNGIS KHAN

(Tirado de um livro de história)

Lá vem Gêngis Khan
    com o estandarte de nove caudas brancas de iaque.
Lá vem Gêngis Khan
    com a manta de zibelina preta que ganhou de dote
    e presenteou aos chefes caraítas
    selando pactos de morte.
Lá vem Gêngis Khan
    que menino, chamava-se Temugin,
    catava esterco com as feras
    e aprendeu a lei da estepe
    disputando a carne com os javalis.

Lá vem Gêngis Khan
    com tambores rituais
    de pêlo de touro preto
    pois o maior gozo mongol
    é arrancar o couro do inimigo
    roubar heróicos tesouros
    matar na fúria seus servos
    e galopar, galopar, galopar
    seus selvagens corcéis
    depois de se servir do ventre
    vencido das mulheres.

– Quem são aqueles que me perseguem hoje
como lobos? e como tigres amanhã?
– São os quatro generais do Grande Khan.
Nutrem-se de carne humana, arrastam cadeias de ferro
e quando soltos, escorrem
                a baba
como alegres loucos.

Quem ouviu seus nomes, não dorme mais:
são eles:
        Gebe
        Kublai
        Geme
        e Sabotai.

Adoram o vento, uivam de selvageria
e enquanto comem carne crua, o falcão que cobre o Sol
também devora a Lua.

Lá vai Gêngis Khan
> bebendo suas glórias
> no crânio de osso
> e de engastada prata
> de seu amigo Togril.
> Atravessa com fúria o gelo do Himalaia,
> encharca de sangue o chão chinês
> e pára, da Áustria, às portas,
> porque brigas domésticas
> o chamam de volta à Ásia.

Por sobre os sóis e espaços
um dia morre o Imperador Oceânico
cujo corpo repousará junto às Montanhas sagradas.

Mas uma morte só
> não basta
para o enterro do morto enorme.
Quer a morte ainda mais morte.

E à passagem do cortejo,
as espadas de seus guardas
afiam-se no gume da tarde
e cortam o pescoço dos servos
para que o sirvam
> — também na eternidade.

APRENDIZAGEM DO AMOR

MISTÉRIO

O mistério começa do joelho para cima.
O mistério começa do umbigo para baixo
> e nunca termina.

O AMOR E O OUTRO

Não amo
        melhor
nem pior
do que ninguém.

Do meu jeito amo.
Ora esquisito, ora fogoso,
às vezes aflito
ou ensandecido de gozo.
Já amei
        até com nojo.

Coisas fabulosas
acontecem-me no leito. Nem sempre
de mim dependem, confesso.
O corpo do outro
é que é sempre surpreendente.

O GRITO

Este é o grito
grito oral anal total tribal
grito aflito grito de gozo
grito subindo súbito solo
duo orquestral grito uníssono
grito operístico ríspido alarido
grito em flecha desferido orgiástico
soando para sempre
                – no lençol do meu ouvido.

FLOR DA TARDE

Ali, na junção das coxas com o tronco, suspiravas
e a doce fúria de minha língua jardineira
tua carne floreava.
E dizias: "ai amor" e teu sorriso
o mel da tarde clareava.

Teu sexo
         – orquídea entreaberta –
perfumava a noite e meu corpo apascentava.

AVE AMOR

No dia em que me olhando nu
ela disse: – Gostaria que seu pau cantasse,
asas nasceram-me nas virilhas,
trinados cruzaram a madrugada
e meus lençóis amanheceram
cheios
       de penas
                 – e poemas.

AMOR SEM EXPLICAÇÃO

De uma gostei,
pensando:
         – são os olhos.
A outra amei,
julgando:
         – são as pernas.
De outras,
      os cabelos,
      a boca,
      o endiabrado sexo.
Assim, a fonte do amor
ia, em vão, localizando.
Agora estou perplexo:
olho teus olhos,
       tuas coxas,
       tua boca,
       teus cabelos,
       teu etc.

– De onde a sedução?

Desarvorado desabo
no teu corpo,
ponho-me a amar, estupefato,
dispensando explicação.

COM–PAIXÃO

Vou pela rua
estraçalhado de amor
numa deslavada paixão
quando, do outro lado, vejo
o velho poeta experimentado
a quem
      desamparado
                indago:

– Então, poeta, não vai ter fim
do amor, o nosso aprendizado?
– Até quando e quantas vezes
amargaremos, na paixão,
o mel crucificado?

Ele me olha assim de lado, além do horizonte
que em mim troveja,
e para meu desespero, não me consola
antes, confessa
sentir do meu amor
                – enorme inveja.

RICORDANZA DELLA MIA GIOVENTÙ

Ela gozava de todas as maneiras.

Gozava se eu lhe beijasse as ancas,
gozava se eu roçasse a barba no seu ombro,
gozava com minha língua em sua orelha
ou boca,
gozava com a planta do pé

e até por telefone gozava.

Quando eu a penetrava, então,
na frente ou atrás,
era uma catadupa de gemidos e gritos.

Vê-la gozar era o meu gozo.

E eu gozava gozando
o gozo que era meu
no interminável gozo dela.

ENTREVISTA

Telefonam-me do jornal:
– Fale-me de amor –
diz o repórter,
como se falasse
do assunto mais banal.

– Do amor? Me rio,
informal. Mas
ele insiste:
– Fale-me de amor –
sem saber, displicente,
que essa palavra
é vendaval.

– Falar de amor? – Pondero:
o que está querendo afinal?
Quer me expor
no circo da paixão
como treinado animal?

– Fala... – insiste o outro
– Qualquer coisa.
Como se o amor fosse
"qualquer coisa"
para embrulhar jornal.

– Fale bem, fale mal,
uma coisa rapidinha

– ele insiste, como se ignorasse
que as feridas do amor
se lavam com água e sal.

Ele perguntando
eu resistindo,
porque em matéria de amor
e de entrevista,
qualquer palavra mal dita
é fatal.

LIMITES DO AMOR

Condenado estou a te amar
nos meus limites
até que exausta e mais querendo
um amor total, livre das cercas,
te despeças de mim, sofrida,
na direção de outro amor
que pensas ser total e total será
nos seus limites de vida.

O amor não se mede
pela liberdade de se expor nas praças
e bares, sem empecilho.
É claro que isto é bom e, às vezes,
sublime.
Mas se ama também de outra forma, incerta,
e este o mistério:
– ilimitado o amor às vezes se limita,
proibido é que o amor às vezes se liberta.

CARTA POÉTICA

Dizes que levas minhas cartas de amor
quando viajas
como se me levasses contigo.

Contigo levas o corpo

de minha letra
para me amar
                    continuamente
sem hiatos de aeroportos.

Amada, toma este poema,
flor oferta à luz do dia.
Enquanto não regressas,
inscrevo tua ausência
com poesia.

ERA TE VER

Era te ver, e meu pau se erguia
como a cobra à magia do canto
em tua boca,
e te seguia como a enguia
busca a loca, como a águia busca o ninho
e a raposa encontra a toca.

Meu pau se erguia, e se parecia ao cisne
no alvoroço do seu canto moço
ou à andorinha que na boca da noite
de vertigem ficou louca.

UMA TARDE

Numa certa tarde nos amamos.
Um segredo em nossas carnes
teve a luz dos diamantes.
Numa certa tarde nos amamos.
O mundo, ocupado,
não tomou conhecimento.
Mas o mundo nunca foi o mesmo
a partir daquele instante.

FALO SOLAR

Não há quem nunca tenha o pau posto pra fora
numa manhã de Sol, e colhendo-o entre os dedos
desponta-lhe a cabeça rósea, como a aurora
irrompe dos noturnos pêlos e segredos.

Não há quem nunca tenha o pau exposto à prova
de cus e de bucetas, e frente a espelhos,
em urgentes punhetas não semeie na cova
da mão o que florir devia entre joelhos.

Não há quem num momento não se tenha visto
ante o obelisco erguido de seu próprio sexo
quer ele seja côncavo ou convexo

e com a alavanca de seu pau erguido
mova, arrogante, o eixo do universo
como o poeta move o mundo com seu verso.

CASAMENTO

Essa mulher que há muito dorme ao meu lado
vai, como eu, morrer um dia.
Estaremos deitados para sempre
conversando
como nas manhãs preguiçosas de domingo,
como nas noites em que voltamos das festas
e nos despimos comentando as pessoas, roupas e comidas,
e depois adormecidos nos pomos
a entrelaçar os sonhos
num diálogo imóvel
que nenhuma morte pode interromper.

ESTELA AMOROSA

Posso fingir que nada aconteceu
após esse telefonema?

Olho pela janela, a montanha, os prédios.

Posso sair, comprar roupa nova,
ir ao cinema, ao bar, concerto,
respirar fundo, dizer, tinha que acontecer,
dizer, amei-a muito, pensar
que o passado já começou.

O telefonema em mim ressoa.
Sobre um sentimento assim não se põe uma pedra
e se segue em frente.
Mesmo que eu siga, sem olhar pra trás
a pedra
       florescerá
               secretamente.

SEPARAÇÃO

Desmontar a casa
e o amor. Despregar
os sentimentos
das paredes e lençóis.
Recolher as cortinas
após a tempestade
das conversas.

O amor não resistiu
às balas, pragas, flores
e corpos de intermeio.

Empilhar livros, quadros,
discos e remorsos.
Esperar o infernal
juízo final do desamor.

Vizinhos se assustam de manhã
ante os destroços junto à porta:
– pareciam se amar tanto!

Houve um tempo:
             uma casa de campo,
             fotos em Veneza,

um tempo em que sorridente
o amor aglutinava festas e jantares.

Amou-se um certo modo de despir-se,
de pentear-se.
Amou-se um sorriso e um certo
modo de botar a mesa. Amou-se
um certo modo de amar.

No entanto, o amor bate em retirada
com suas roupas amassadas, tropas de insultos
malas desesperadas, soluços embargados.

Faltou amor no amor?
Gastou-se o amor no amor?
Fartou-se o amor?

No quarto dos filhos
outra derrota à vista:
bonecos e brinquedos pendem
numa colagem de afetos natimortos.

O amor ruiu e tem pressa de ir embora
envergonhado.

Erguerá outra casa, o amor?
Escolherá objetos, morará na praia?
Viajará na neve e na neblina?

Tonto, perplexo, sem rumo
um corpo sai porta afora
com pedaços de passado na cabeça
e um impreciso futuro.
No peito o coração pesa
mais que uma mala de chumbo.

O DESTRONADO

Como o rei destronado
que na Babilônia
ia cortando pedaços de seu corpo
à vista de todos

até cair morto
e totalmente desamado de seu povo,
– devo ritualizar tua perda.

Devo ritualizar tua perda
e despedir-me aos solavancos
do teu/meu corpo
uma vez mais.

Por isto, careço
de outro, ainda, final encontro:
um gesto pungente
para completar, em mim,
do adeus
        – o ritual.

FELINA

Leoa, tigresa, sei lá que fera repentina
dardeja nos teus olhos acesa
enquanto o dorso teu contorce-se no gozo
e o que era treva se ilumina.

Leoa, tigresa, sei lá que fúria feminina
relampeja nos teus poros e cabelos
quando te pões após o orgasmo a me lamber felina.

Pastas meu prazer serenamente
e eu serenamente olho tuas colinas.
És fera apascentada
                  – e eu sou tua campina.

SILÊNCIO AMOROSO 1

Deixa que eu te ame em silêncio.
Não pergunte, não se explique, deixe
que nossas línguas se toquem, e as bocas
e a pele
falem seus líquidos desejos.

Deixa que eu te ame sem palavras
a não ser aquelas que na lembrança ficarão
pulsando para sempre
como se amor e vida
fossem um discurso
de impronunciáveis emoções.

INSTANTE DE AMOR

Me ame apenas
no preciso instante
em que me amas.

Nem antes
nem depois.
O corpo é forte.

Me ame apenas
no imenso instante
em que te amo.
O antes é nada
e o depois é morte.

PRESENTE

O que te dar neste dia?

O que te daria eu ontem
quando não te conhecia?
E amanhã, o que darei
se hoje não te dei
o que devia?

O que te dou é apenas
sombra do que querias.
Dou-te prosa, e o desejo
era dar-te poesia.

AMOR E MEDO

Estou te amando e não percebo,
porque, certo, tenho medo.
Estou te amando, sim, concedo,
mas te amando tanto
que nem a mim mesmo
revelo este segredo.

SILÊNCIO AMOROSO 2

Preciso do teu silêncio
                        cúmplice
sobre minhas falhas.
                       Não fale.
Um sopro, a menor vogal
pode me desamparar.
E se eu abrir a boca
minha alma vai rachar.

O silêncio, aprendo,
pode construir. É modo
denso/tenso
               – de coexistir.
Calar, às vezes,
é fina forma de amar.

MITOS E RITOS

Minha mulher
tem outra mulher com várias mulheres sob a pele.
Tecelãs, pastoras, princesas
afloram de seus lábios e cabelos.
Dispo-a com amor, ela suspira.
E é aí que fadas e dragões se batem
e em nossos corpos
a fantasia da carne
                 – delira.

FÁBULA REVISITADA

Detrás das árvores, surgiu a ninfa junto à fonte
e dando à cena um toque de incidente
veio ao encontro do sátiro feroz e desejante
a reinventar a fábula de amor de antigamente.

Ela o olha, ele disfarça, mas já sente
na caça que caçava e agora o caça
uma paixão agreste e certa graça,
e o invertido mito ali se faz presente.

Sucumbe o fauno da ninfa às doces garras.
Alhures, uma fonte jorra ou talvez chora.
E o fauno já se entrega à ninfa docemente.

Era tudo o que o sátiro tinha em mente:
uma ninfa que o afrontasse na floresta virgem
e o deflorasse junto à fonte vorazmente.

AMOR PRESENTE

Tu não estás aqui, nem eu estou no leito.

Mas leio, ordeno a vida e os sentimentos
com eroticidade
como se a vida fosse uma vasta cama
como se a casa, teu corpo aberto, desejante.

Te trago em mim. Quase andrógino me torno.
Incorporei na eternidade a luz do instante
e do presente
               sou amante.

AMOR E ÓDIO

Quando odeio,
sei por que odeio.

Não é assim o amor.

Quando odeio

odeio de um modo só:
compacto, negro,
avassalador.

Não é assim o amor.
Quando amo, múltiplo e paciente,
pareço um construtor.

CADA QUAL

Cada amor é outro
recomeço. Para alguns
tropeço.

Cada corpo é um princípio,
para alguns a porta
do precipício.

Cada vida penetrada
é um edifício, entrada
que pode dar
numa cidade de mil portas
ou, então, em nada.

CONFLUÊNCIA

Ter-te amado, a fantasia exata se cumprindo
sem distância.
Ter-te amado convertendo em mel
o que era ânsia.
Ter-te amado a boca, o tato, o cheiro:
intumescente encontro de reentrâncias.
Ter-te amado
fez-me sentir:

no corpo teu, o meu desejo
                       – é ancorada errância.

AMOR GERAL

Quando amo, amo todas.
As ausentes percebem.
Algumas estremecem.
Outras, a distância,
se enternecem.

Quando amo, amo todas.
Almíscar e alfazema
se derramam de meus gestos.
As passadas e as futuras
se confundem numa cama.

Quando amo, amo todas.
E no corpo da que amo
há intermináveis bodas.

CENA FAMILIAR

Densa e doce paz na semiluz da sala.
Na poltrona, enroscada e absorta, uma filha
desenha patos e flores.
Sobre o couro, no chão, a outra viaja silenciosa nas
artimanhas do espião.
Ao pé da lareira a mulher se ilumina numa gravura
flamenga, desenhando, bordando pontos de paz.
Da mesa as contemplo e anoto a felicidade
que transborda da moldura do poema.
A sopa fumegante sobre a mesa, vinhos e queijos,
relembranças de viagens e a lareira acesa.
Esta casa na neblina, ancorada entre pinheiros,
é uma nave iluminada.
Um oboé de Mozart torna densa a eternidade.

FASCÍNIO

Casado, continuo a achar as mulheres irresistíveis.
Não deveria, dizem.

Me esforço. Aliás,
já nem me esforço.
Abertamente me ponho a admirá-las.
Não estou traindo ninguém, advirto.
Como pode o amor trair o amor?
Amar o amor num outro amor
é um ritual que, amante, me permito.

FELIZ

Sou um homem feliz. Algumas coisas necessárias
extraí da vida. Conheci alguns corpos e ilhas.
Nunca me bastou sonhar distante, mas penetrar
o mundo com a glande.

Andei sempre onde bem quis,
e o amor, quando me dei por mim,
o fiz a tempo e a hora
                         – com a consciência feliz.

BALADA DOS CASAIS

Os casais são tão iguais,
por isto se casam
e anunciam nos jornais.

Os casais são tão iguais,
por isto se beijam
fazem filhos, se separam
prometendo
não se casarem jamais.

Os casais são tão iguais,
que além de trocar fraldas,
tirar fotos, acabam se tornando
avós e pais.

Os casais são tão iguais,
que se amam e se insultam

e se matam na realidade
e nos filmes policiais.

Os casais são tão iguais,
que embora jurem um ao outro
amor eterno
sempre querem mais.

RUGAS

Estou amando tuas rugas, mulher.
Algumas vi surgir, outras aprofundei.

Olho tuas rugas.
Compartilho-as, narciso exposto
no teu rosto.

Ponho os óculos
para melhor ver na tua pele
as minhas/tuas marcas.

Sei que também me lês
quando nas manhãs percebes
em minha face o estranho texto
que restou do sonho.

O que gastou, somou.
Essas rugas são sulcos
onde aramos a messe do possível amor.

INTERVALO AMOROSO

O que fazer entre um orgasmo e outro,
quando se abre um intervalo
sem teu corpo?

Onde estou, quando não estou
no teu gozo incluído?
Sou todo exílio?

Que imperfeita forma de ser é essa
quando de ti sou apartado?

Que neutra forma toco
quando não toco teus seios, coxas
e não recolho o sopro da vida de tua boca?

O que fazer entre um poema e outro
olhando a cama, a folha fria?

É como se entre um dia e outro
houvesse o vago-dia, cinza,
vida igual a morte, amortecida.

O poema, avulso gesto de amor,
é vão recobrimento de espaços.
O poema é dúbia forma de enlace,
substitui o pênis
pelo lápis
       – e é lapso.

VERSIFICAÇÃO

andando pelas ruas, te amando,
versificando vou a tua ausência:
vou versiprosando reminiscências
e o vento me buliversando
num vice-versa vou versilembrando
vou versivivendo e diversificando
e meu amor ao vento vou
                      disseminando.

A INTRUSA

Ela queria entrar no meu poema
                      à força.
Primeiro, meteu a perna
expondo a coxa.
(O poema resistindo.)
Depois as unhas pintadas.
Quando abriu a boca para o beijo
tirei todas as bilabiais do texto.

Restaram seus longos cabelos
cobrindo-me uma estrofe inteira.
Mas isto só verão aqueles
que sabem ler palimpsestos.

GAIA CIÊNCIA

Gosto de me iludir
                pensando
que hoje amo
melhor que ontem amei.

Assim desculpo o jovem afoito
que, em mim, me antecedeu
e, generoso, encho de esperanças
o velho sábio
que amará melhor que eu.

IR DESLIZANDO

Ir deslizando de beleza em beleza
sem intervalo de desamor
deslizando de um corpo a outro
alma a alma
verso e reverso no lençol da cama
arrebanhando orgasmos e cabelos
frases e suspiros
sorrisos e uivos
enfim
ir penetrando a noite
(embora o entardecer)
sem se dar conta
de que se vai morrer.

MORRER, AMAR

– Imperativo, só o amor.
Algo a acrescentar?

– Sim, há outro: morrer.
– Mas morrer,
faz parte do amar.

APRENDIZAGEM DA POESIA

MÃOS À OBRA

Escrevo com três mãos.
É um trabalho complicado.
Às vezes, pareço um polvo
sentado
       a especular.

Escrevo com três mãos.
Por isto, minha escrita
é um gesto
       – tentacular.

ARS

A
Arte
   é luz
   é sina.

A
Arte
Aluzcina.
Quero
       Aluzcinarte.

VÍCIO ANTIGO

Como é que um homem
com 52 anos na cara

se assenta ante uma folha em branco de papel
para escrever poesia?

Não seria melhor investir em ações?
Negociar com armas?
Exportar alimentos?
Ser engenheiro, cirurgião
ou vender secos e molhados num balcão?

Como é que um homem
com 52 anos na cara
continua diante de uma folha em branco
espremendo seu já seco coração?

CONTROVÉRSIAS

Segundo Drummond
não se deve fazer poesia
sobre infância, corpo,
amor e acontecimento.
Mas para complexidade
do problema
foi com esses e outros temas
que ele fez os seus poemas.

Segundo uns vanguardistas,
o verso, o discurso, o poema
há muito feneceram.
Mas com isto se meteram
num insolúvel dilema,
porque o verso, o discurso, o poema
nos seus poemas
                – permaneceram.

Segundo os simbolistas,
a poesia ou é música
ou, então, prosa banal.
Com isto se inutiliza
a poesia do Cabral.

Segundo Cabral,
lirismo não é poesia,
é lixo prolixo.
E isto dizendo
de maneira espartana

jogou no lixo
a poesia do Quintana.

Segundo Quintana,
poesia de participação
não é poesia,
e assim se condena
a poesia do Sant'Anna.

QUESTÕES HOMEOPÁTICAS

O homeopata pergunta:
– Medo de enlouquecer?
– De amor, talvez, doutor.

– Já pensou em suicídio?
– Para quê, se morro nos jornais
e estou cercado
de literários ofídios?

– Sífilis na família?
– Talvez, por que não?
Minha árvore ginecológica
tem raízes na escuridão.

– Sente que vai explodir?
– Sim, e explodo. Mas
não destruo, antes, é de cacos
que me construo.

– Medo de cão?
– Às vezes, mas sobretudo
medo canino dos dentes
da inflação.

– Gosta do ofício?
– Não tenho queixas, escrevo.
No poema explodo o mundo
em fogos de artifício.

O POETA E A BALA

(para o poeta Álvaro Alves Faria)

1

Pessoas carregam afrontas, remorsos,
outros, dívidas, projetos.
Conheço um poeta que carrega na cabeça
uma bala viva.

Bala nada metafísica,
não metáfora-espelho,
bala mesmo, explosiva,
no estopim do cerebelo.

Meteu-a lá um ladrão afoito
num de repente furtivo; meteu-a
lá, por nada, por hábito agressivo
num estúpido estampido.

Colocou-a não como se coloca
um livro na estante,
um verso no poema,
na próclise o pronome,
atirou-a como se, no homem, engatilhasse
a bala de um sobrenome.

Atirou-a como a granada
que se recusa a explodir
e fica, não no ar parada,
mas no corpo agasalhada.

2

O poeta toma seu carro, viaja,
mas nele a bala anda

estacionada.
O poeta ama, troca de cama
e de mulheres, mas nele
a bala passeia
como se na praça passeasse
enamorada.
Ele vai ao médico, tira radiografias
vive perseguindo-a antes que ela,
como um míssil impaciente,
o alcance internamente.

De dia vigilante, acompanha
da bala a metálica sanha,
mas é de noite que, a cabeça na fronha,
o poeta embalado
                – sonha.

3

Desde que me contou sua sina,
que abalado levo na cabeça cativa
a imagem da bala progressiva.
Alojou-se-me no cérebro – a atrevida –,
me persegue e exige que a desfira
num poema como se fosse
uma balavra viva.

Nele é fatal a ferida
em mim, metáfora alusiva.

Nele, é ameaça constante
em mim imagem corrosiva.

Essa bala se parece e é diversa
da bala de Cabral, outro poeta,
passa raspando seu texto
contudo, é mais real.

Anos muitos se passaram:
penetrei cabeças, assaltei afetos
e atirei a esmo meus poemas
em gavetas e mulheres,

mas a balavra do poeta,
em mim ara inquieta.

Só me resta um recurso:
alojá-la na escritura,
atirá-la no leitor
na espera que essa bala
na leitura que o outro faça
prossiga sua aventura.

A POESIA PERDIDA

Quantas vezes, alta noite,
a alma rota de insônias,
me fustigavas, poesia.

Eu, olho cerrado,
    noturno feto, fingindo
não ser comigo que falavas.

Falavas, e eu disfarçava
(amanhã te beijo, escrevo, acaricio).
Exausta, te afastavas.
Exausto, adormecia.

No meio da noite
               algo se perdia.
Não era muito
        – só poesia.

A POESIA DOS ANOS 60 E 70

Perdeu-se naqueles anos
uma vaga e dura poesia
caída das frestas das festas
e das folhas marginais do dia-a-dia.
Perdeu-se.
E não haverá mais notícia.
Tentaram salvá-la. Tentei eu.

Não se perdeu como se perderam
as obras de Da Vinci e Michelangelo:
fundidas em bronze de canhões
ou apagadas, pela guerra, dos murais.
Perdeu-se por desprestígio,
sortilégio iníquo,
                desleixo sórdido
dos generais e por fastígio
dos marginais.
Perdeu-se como os enxames de cupins
na tarde
e as almas diante do missionário.

Perdeu-se de modo vário:
na seleção das espécies
e dos gênios literários.

SABIÁ

Esse sabiá,
se eu não o retivesse neste verso, esse sabiá
existiria?
Convertido em ritmo e sílabas, esse sabiá
tornou-se concreto: é substância à luz do dia.
Se eu não o amealhasse com meu escrevente olhar,
esse sabiá
talvez se perderia
como tantas tardes certos fatos e mulheres
que deixei fugir ao laço da poesia.

POÉTICA 1940

Naquele tempo
o mundo cabia em frases
que não comportavam ironias.
Estava tudo decidido:
o mundo era uma rosa
em clara geometria.

O mundo era uma rosa
e o povo
       – poesia.

POEMA EXTRAÍDO DE UMA CRÔNICA DE MACHADO DE ASSIS

Se alguma vez morrer
espero deixar
as tripas ao sol.
A calva à mostra.
A cara à banda.
O coração à larga.
Os cabelos à Luiz XV.
Os colarinhos altos.

Isto... caso é que eu morra,
do que duvido.

DOIS POEMAS EXTRAÍDOS DAS MEMÓRIAS DE PEDRO NAVA

1

Meu, teu, seu, nosso, vosso, deles, delas.
Eu, tu, ele, nós, vós, eles.
Entre dois nadas, os pronomes dançam.
Ah, dançam em vão...

2

Nada de novo sobre a face do corpo.
Nem dentro dele.
Esse riso, esse jeitão, esse cacoete,
esse timbre de voz,
esse olhar, esse choro, essa asma,
essa urticária,
esse artritismo,
esse estupor,
essa uremia

         – são nossos e eternos,
        são deles e eternos.

Vêm de trás,
passam logo para o futuro
e vão marchando numa cadeia de misérias.

NUM ÁLBUM

Cada texto
        o seu contexto
cada letra
        os arabescos
cada folha
        outro dia
        desfolhado
        outra grafia
cada página
        o branco do destino
        com rasuras
        desatinos
cada qual
        com sua pena
        moderna e antiga
cada qual
        com sua tinta
        íntima
        escorrida
cada escrita
        uma roupa
        na pele
        da página
        despida.

GRANDE GUERRA

Max Ernst, mobilizado, alistou-se na Artilharia.
Paul Éluard enfiou-se numa trincheira do outro lado.

Apolinaire atirava obuses nas estrelas e sorria.

> Se eles se acertassem
> achariam um cadáver
>   – a poesia.

ROSEANA

Na terceira margem do rio.
Na terceira margem, só rio.
Na terceira margem só, rio.

A CHAVE, A POESIA

Tendo em mente um poema
passei dois dias, no entanto,
consertando a porta.

A porta podia esperar.
O poema, não.

Entre marteladas
e apertos de parafuso
vi a poesia afastar-se.

Ao fim e ao cabo, estavam consertadas
a porta e a fechadura
mas eu não tinha à mão a poesia
que é chave pura.

DRUMMONDIANA

Que lembrança darei ao meu país
que me deu/tirou
tudo que tenho?

Ganhei/perdi
meu dia,
não sei por que me empenho.

Às vezes já não sei
o que digo, a que venho.

Olho a pedra, o caminho,
a máquina do mundo aberta.
Me abstenho.

JOGRAL

Quando o rei morreu
começaram a derramar veneno em minha taça.
Adverti: não herdo nada,
a paz quero, das cavalariças.
Mas continuaram. Envenenaram a água do poço.
Porém, não tendo o mesmo sangue do rei,
o veneno não me afetava,
antes, aos intrigantes olhos da corte
mais viçoso acordava.

Desde então,
não tendo outro remédio,
abri prosaica farmácia
onde, aprendiz de alquimia,
converto veneno alheio
em poesia.

ESCRITA IMPREVISÍVEL

Estamos escrevendo todos dentro do previsível.

Um trabalha a forma,
outro solta o texto
num exercício de auto-estupefação,
alguns conferem tudo
com teorias da moda,
outros aplicam mais tempo
na imagem que na obra.

Estamos todos escrevendo dentro do previsível.

Segue a vida literária:
cada um polindo seu nome de autor
quando, de repente,
não se sabe de onde, como, nem por quê
irrompe o texto inovador,
sagrado e transgressor,
que nos resgata
com olímpico fulgor.

O texto que torna o texto alheio
um punhado de palha
ungida
      – com inútil suor.

BANDEIRA REVISITADO

Quando adolescente, lendo Manuel Bandeira,
me irritava que sempre repetisse:

"cai a tarde"
      "põe-se o dia"

Isto é coisa de poeta passadista, eu me dizia.

Estou nesta janela há meia hora, com um copo
de beleza e espanto
      contemplando
essa tarde de morrente eternidade, e digo:

"cai a tarde", "põe-se o dia"
      caindo
tardiamente
      em fragorosa repetição.

Devo ser um poeta passadista.
Se o for, será minha salvação.

TEXTO FUTURO

O que vão descobrir em nossos textos,
não sabemos.

Temos intenções, pretensões inúmeras,
mas o que vão descobrir em nossos textos,
não sabemos.

Desamparado o texto,
desamparado o autor,
se entreolham, em vão.

Órfão,
o texto aguarda alheia paternidade.
Órfão,
o autor considera
entre o texto e o leitor
– a desletrada solidão.

PONTO FINAL

Eu: ponto de observação.
Eu: ponto de interrogação.
Eu, ponto.
       Discurso
sem conclusão.

APRENDIZAGEM DA MORTE

APRENDIZADO

Estou aprendendo a enterrar amigos,
corpos conhecidos, e começo as lições
de enterrar alguns tipos de esperança.

Ainda hoje
sepultei um braço e um desejo de vingança.
Ontem, fui mais fundo:
sepultei a tíbia esquerda
e apaguei três nomes da lembrança.

DESPEDIDAS

Começo a olhar as coisas
como quem, se despedindo, se surpreende
com a singularidade
que cada coisa tem
de ser e estar.

Um beija-flor no entardecer desta montanha
a meio metro de mim, tão íntimo,
essas flores às quatro horas da tarde, tão cúmplices,
a umidade da grama na sola dos pés, as estrelas
daqui a pouco, que intimidade tenho com as estrelas
quanto mais habito a noite!

Nada mais é gratuito, tudo é ritual.
Começo a amar as coisas
com o desprendimento que só têm
os que amando tudo o que perderam
já não mentem.

DE REPENTE, A MORTE

Digamos
que me restem 20/30 anos.
É pouco? Demais?
Os últimos 20/30 anos
passaram-me rápidos/
demorados
        – fatais.

Volto do cemitério, onde deixei
de uma amiga, o que se diz
"restos mortais".
Volto para casa
meditativo, mudo
com algumas perdas a mais.
Há dois meses, eu e ela num grupo
combinávamos salvar esta cidade
e o mundo, aliás.

Semana próxima, prevejo, já se despede
outro amigo, que não sei se digo, que amo
ou amei.

Em 20/30 anos
quantas mortes morrerei
na morte dos demais?

20/30 anos é muito pouco, meu Pai!
E, no entanto, pode ser em nove meses
quem sabe, daqui a pouco
enquanto leio os jornais.

ARTESÃO

Quero trabalhar a minha morte e não deixam.
Obrigam-me a morrer a morte alheia
e a viver
a entrecortada vida com artigos, orgasmos, aulas
e a asfixiante dispersão urbana.

Minha morte, no entanto, me chama, me espera.
Às vezes, desconfiada, impaciente outras.
Quer dedicação. Preciso trabalhá-la.
Não como o suicida
e seu compulsivo equívoco,
mas como o artesão.

NÃO À MORTE

Não, à morte abrupta.
Essa é traição:
a queda no abismo,
o tiro no rosto,
o atropelamento,
o vírus, roaz, voraz.

Antes a morte, se possível,
construída, casa invisível
de onde se pode ver melhor
o outro lado da vida.

AMAR A MORTE

Amar de peito aberto a morte.
Não de esguelha, de frente.

Amar a morte,
digamos,
despudoradamente.

Amá-la como se ama
uma bela mulher
e inteligente. Amá-la
diariamente
sabendo que por mais
que a amemos
ela se deitará
com uns e outros
indiferente.

ESTÃO SE ADIANTANDO

Eles estão se adiantando, os meus amigos.
Sei que é útil a morte alheia
para quem constrói seu fim.
Mas eles estão indo, apressados,
deixando filhos, obras, amores inacabados
e revoluções por terminar.

Não era isto o combinado.

Alguns se despedem heróicos,
outros serenos. Alguns se rebelam.
O bom seria partir pleno.

O que faço? Ainda agora
um apressou seu desenlace.
Sigo sem pressa. A morte
exige trabalho, trabalho lento
como quem nasce.

O CUPIM

O cupim comeu-me o arquivo inteiro
e a tarde.
Devorou todos os poemas, entrevistas, cartas.
Comeu
meu eu,
meu tu,
meu nós,
deixando crateras nos papéis da pasta.

Ou desinfeto melhor a casa e os textos
ou serei comido numa tarde dessas.

MORRER DE AMOR

Não posso dizer ao meu amor
que comigo escolheu viver:
– pare de morrer.
Nem um nem outro pode
parar de envelhecer.

Advirto aos incautos:
– não há nada de mórbido neste assunto.
Estamos apenas
morrendo de amor
                – juntos.

TARDES

Deus botou essas tardes na minha frente
para me advertir,
paralisar.
Sabe que sou fraco
e não resisto a um certo modo cromático de ser.

Deus botou essas tardes na minha frente
para me ferir,
me extasiar.

Às vezes me distraio. Deus insiste: põe
as tardes de novo em minha frente
para que eu aprenda a morrer.

DECOMPOSIÇÃO DE ORFEU

Falta sentirei na sepultura
de não poder me levantar à noite
e com insônia
        dirigir-me ao escritório
e escrever poemas
que não me deixam dormir
se os não componho.

Ficarei ali no chão: os poemas
me exigindo,
e eu – Orfeu inútil –
em vez de compor
apenas
        – me decompondo.

IMPACIÊNCIA COM A MORTE ALHEIA

Acompanhamos o fim do outro
com desconfortável resignação.
O outro, mais inconfortável ainda
nos olha
do centro da solidão.

Tentamos nos mostrar dignos,
usar limpas roupas,
falar manso,
enquanto o outro se estertora
e faz esgares de aflição.

Impacientes
queremos aliviar-lhe a sorte
ou dar-lhe a morte de antemão.

Quando chegar nossa hora
talvez queiram precipitar nosso desfecho.
Nós, possivelmente, não.

CARPEM DIEM

Junto ao caixão penso sentimentos
sobre a amiga morta.

Primeiro a vi desabitada, em suas roupas, no leito.
Depois, organizada no caixão na sala,
enfim, a terra caindo seca sobre a sua urna.

Sofreu um bocado no final.
Viveu o que viveu, foi bom. Foi boa.
Agora está estagnada.

Certo isto nos sucederá.
Mas fazia um sol estupendo no cemitério.
O corpo ardia.
Então, tomando das mãos da amada
levei-a a correr na praia, tomar sorvete,
que a vida urgia.

Entardecia
    carpem diem
o corpo ardia
        sobrepujando
no dia que partia
        a morrente poesia.

A FALTA FUTURA

Morto, não terei que escovar os dentes
nem pagar impostos. Telefone não atenderei
nem ouvirei reclamações sobre a crise
político-financeira
        acaso feitas
da cova ao lado.

Também não amarei, e isto é que é mal,
pois ficar sem amor
              – é mortal.

OBJETOS DO MORTO

Os objetos sobrevivem ao morto:
os sapatos,
o relógio,
os óculos
         sobrevivem
ao corpo
e solitários restam
sem conforto.

Alguns deles, como os livros,
ficam com o destino torto.
Parecem filhos deserdados
ou folhas secas no horto.
As jóias perdem o brilho
embora em outro rosto.
Não deveriam
deixar pelo mundo
               espalhados
os objetos órfãos do morto,
pois eles são, na verdade, fragmentos
de um corpo.

O MORTO

O morto ali sobre a mesa. Morto.
Morto e duro. Duras as pernas. Duros
os braços. No entanto, era humano. E frio. E morto.
Me era íntimo. E estranho. O morto. Próximo
e distante, o morto.
            Ele reto, eu torto.

SAIR DE CENA

Mas se eu for, quando me for,
terei dado certos sinais precisos.
Sair de cena de modo abrupto
seria indelicadeza com os demais.

O que iriam dizer de mim meus poemas e objetos
quando lessem a notícia nos jornais?

PROGRESSÃO

Deixando de ser discreta, a morte
está ficando sapeca.

Deixando o ar de encabulada, a morte
está ficando debochada.

Deixando o ar de introvertida, a morte
cada vez está mais atrevida.

Fazendo crer que está do lado certo, a morte
cada vez assume mais o seu avesso:
                                  – a vida.

CONHECENDO A MORTE

Estou conhecendo a morte de dois modos,
sempre aos supetões.
De manhã, no espelho, seus arranhões.
À tarde, aos arrancos, soluçando
diante dos caixões.

AVISO PRÉVIO

Já avisei: vou começar a morrer
e não quero reclamações.
Vou começar a morrer, é claro,
dentro de minhas limitações.

Não adianta. Despeço-me já
de minhas células.
Gerencio a diária demolição.
Vou morrer como um pássaro que morre
despojando-me das penas
e plumas que escrevi.

ESCOLHENDO A ESTAÇÃO

Se eu tiver que morrer um dia
que não seja às portas do verão.
De preferência, no inverno.
É menor a humilhação.

Minh'alma não suportaria
ver essas peles douradas,
os corpos à beira-mar,
o desejo, a excitação,
enquanto o meu corpo frio
se dilui na escuridão.

AOS POUCOS

Algumas partes do corpo
se foram. Inúteis?
Outras estremecem
de cansaço. Ou medo?
Outras definham,
outras embranquecem.

Algumas pensam que estão vivas.
Outras já me esquecem.

AMADOR

Vejam em que me transformei
por culpa minha e da sorte:
especialista em morte alheia
e amador da própria morte.

QUEBRA DO PACTO

Amigos, não era isto o combinado.
Não era sermos alvos de bala,
pasto de bactérias, vítimas de máquinas
e intempestivos suicídios.

Quem agora cuidará de meus enigmas?

LEGADO VIVO

Enganam-se os que pensam que me deixam
quando se põem a morrer.
Só os deixarei quando quiser;
quando extrair a relegada vida
que em mim deixaram sem saber.

MORTE CONTÍNUA

A morte não pára de morrer.
Morreu, de novo, nesta amiga
                           que morreu,
morreu nas baratas e cupins
                           mortos
industrialmente em minha casa,
                           morreu
na flor do vaso que, digamos,
                           feneceu,
morreu na tarde crepusculenta,
                           morreu
numa constante renascença
                           como o poema,
que tendo sido escrito, foi lido
e dele o mundo se esqueceu.

LÁ DENTRO, CÁ FORA

Toda vez que em frente ao cemitério passo,
penso nos amigos
ajeitadinhos em suas covas.

O que fazem tão entregues ao nada?
Cultivam girassóis na madrugada
ou fazem sopa com o úmero inimigo
da cova ao lado?

Cá fora, disfarçamos: cantamos
parabéns em aniversários,
vez por outra vamos ao dentista,
reclamamos dos subalternos
ou cortamos as unhas da mão.

Cada vez mais, porém,
amigos atravessam as grades
para dormir nas suas covas.

Que fascínio, que prazer encontram lá,
que não ouço queixumes atrás dos muros?
O que fazem aí, tão sisudos, mudos
como se estivessem no melhor dos mundos?

ANTES QUE O CORPO PARTA

Lá se me vai o corpo escoando
em suas fraquezas, doenças. Quer me fugir.
Retenho-o pelo pêlo a contrapelo e apelo:
– Vou tirar de ti, meu caro, os últimos prazeres,
o gozo, além dos meus deveres.
O corpo pára, me considera. Estuda
como escapar-me com sua astúcia de fera.

Enganas-te, meu caro, te usarei até o fim
te terei preso ao prazer desta coleira.

Algumas bactérias, no entanto,
comem-me já as bordas
das quimeras e dilemas.

O corpo se me vai. Mas dele tiro ainda
os últimos dos poemas.

MORTE NO TERRAÇO

Morre mais um pombo no terraço.
Vendo-o encolhido há dias, eu não sabia
que o pombo (naquele pombo) já morria.
Chamo a mulher
para ajudar-me a viver mais essa morte.
Ela toma-o na mão. (Os animais a amam.)
Acaricia-o e deixa-o descansar à sombra.

De novo só,
o pombo olha o mundo quieto e estático.
Súbito, vira as patinhas para cima
batendo as asas num espasmo. (Um outro pombo,
estranhando a cena, vem bicando sementes
junto ao corpo que estertora.)

Tomo uma caneta *vermelha* e anoto, urgente,
a morte do pombo no poema.
O pombo tomba a cabecinha.
O poema se inclina.
Uma gota *vermelha* cai do bico (ou pena)
e o poema
        – termina.

VIAJANDO

Antes
    a sensação era esta:
o trem passava, passava
levando outros
        numa estranha direção
e eu, desatento,
        fingia não ver o trem
        e brincava
            – na estação

Agora
      é esta a sensação:
estou no trem
            que passa rápido demais
e da janela espio os desatentos
                      brincando
como se não fossem embarcar jamais
e, no entanto, vão.

PREPARANDO A CASA

(para Fred Ellison)

Meu amigo visita sua cova
como quem vai
à casa de campo
plantar rosas.
Há algum tempo
comprou sua casa de terra.
Plantou árvores ao redor
e de quando em quando vai lá
como se vivo
pudesse ali fazer
o que só morto fará.

De vez em quando vai ver
como sua morte floresce.
Olha, pensa, ajeita uma coisa e outra,
depois volta à agitação da vida:
ama, come, faz projetos,
pois já botou sua morte
no lugar que ela merece.

UM TEMA E DOIS POEMAS

1. CERTOS FATOS

Interessam-me cada vez menos os fatos, os artefatos.
Interessam-me cada vez mais os ventos,
os intocáveis eventos.

É noite
e pescadores trabalham sobre a linha pontilhada do
horizonte.

Um farol os vê:
duas vezes a luz branca,
uma vez a vermelha.

Uma voz na minha insônia ouço:
– Não resistir à fúria dos elementos.

Como o lobo
cedo ao vencedor
o pescoço.

2. PREPARAÇÃO

Retorno ao mais interior de mim
como o animal
cuja consciência é o próprio corpo
permeável ao fim. Preparação
para diluir-se na terra,
esboroar-se,
como o pretensioso Sol
que aceita seu crepúsculo.

Preparo-me para o fim.
Desencravo-o das trevas
iluminando-lhe o rosto.
Tímido obedeço.
A ele me endereço:
num ritual sereno
escureço.

Como dois lobos que pelejaram
e um exausto e já vencido
entrega ao outro para a final dentada, o pescoço,
inclino a cabeça sobre os morros.
– Vamos, Sol! inventor da glória!
crava tuas garras de ouro em minha jugular, que morro.

CURVA NATURAL

Estou me inclinando para a terra
sem humilhações.

Não estou me abaixando. Em algum espelho, sim,
me contemplando mais perto.
Da planta dos pés eu sei que algo está brotando.

Curvo-me,
curvo-me,
curvo-me
como quem cumpre um ritual
reunindo as pontas do círculo.
Há qualquer coisa de útero e anel.
Às vezes sou ouro puro. Ouroboros.

CARTA AOS MORTOS

Amigos, nada mudou
em essência.

Os salários mal dão para os gastos,
as guerras não terminaram
e há vírus novos e terríveis,
embora o avanço da medicina.
Volta e meia um vizinho
tomba morto por questão de amor.
Há filmes interessantes, é verdade,
e como sempre, mulheres portentosas
nos seduzem com suas bocas e pernas,
mas em matéria de amor
não inventamos nenhuma posição nova.

Alguns cosmonautas ficam no espaço
seis meses ou mais, testando a engrenagem
e a solidão.
Em cada olimpíada há recordes previstos
e nos países, avanços e recuos sociais.
Mas nenhum pássaro mudou seu canto
com a modernidade.

Reencenamos as mesmas tragédias gregas,
relemos o Quixote, e a primavera
chega pontualmente cada ano.

Alguns hábitos, rios e florestas
se perderam.
Ninguém mais coloca cadeiras na calçada
ou toma a fresca da tarde,
mas temos máquinas velocíssimas
que nos dispensam de pensar.

Sobre o desaparecimento dos dinossauros
e a formação das galáxias
não avançamos nada.
Roupas vão e voltam com as modas.
Governos fortes caem, outros se levantam,
países se dividem
e as formigas e abelhas continuam
fiéis ao seu trabalho.

Nada mudou em essência.

Cantamos parabéns nas festas,
discutimos futebol na esquina
morremos em estúpidos desastres
e volta e meia
um de nós olha o céu quando estrelado
com o mesmo pasmo das cavernas.
E cada geração, insolente,
continua a achar
que vive no ápice da história.

TEXTAMENTOS (1999)

TEXTAMENTO

Minha mãe teve dúvidas
se eu deveria nascer ou não.
Pensou em me abortar.
Nasci. E, de alguma maneira, dei certo.
Cedo aprendi com os animais domésticos
e com os legumes da horta
que a morte é estranhamente cotidiana.

Amei, sim, amei
na medida de meu descompassado desejo.
E já ia envelhecendo
quando aprendi a me comunicar com os cães.

Não posso me queixar.
Vencidas as dificuldades iniciais,
os limites do quintal, a inveja
e os jogos na boca da noite,
descobri modos de me expressar.
Algumas palavras íntimas
tornaram-se públicas
e nisto encontrei satisfação.

PROCURA ANTIGA

Perdi qualquer coisa ali
entre o século onze ou dezesseis, não sei.
Qualquer coisa entre aqueles reis e servos
qualquer coisa entre a nobreza e os parvos
comensais à mesa
qualquer coisa entre as pedras de Siena
e as pernas das princesas de Viena.
Por isto procuro procuro procuro
entre
quadros portulanos estatuetas tapetes pianos

porcelanas cristais
e enternecidas madonas
como a cinderela o seu sapato perdido
na meia-noite da festa
e o maestro a semifusa confusa
que caiu no fosso da orquestra.

Procuro algo nas gretas
dos monumentos no musgo
do sofrimento no desejo
dos conventos e traças
dos documentos.

O que procuro não sei. Mas sei
que essa procura
me organiza o sofrimento.

APRENDIZADOS

Uns aprendem a nadar
outros a dançar, tocar piano,
fazer tricô e a esperar.

Na infância cai-se
para se aprender a andar,
cai-se do cavalo e do emprego
aprendendo a viver e a cavalgar.

Em alguns aprendizados
chega-se à perfeição.

Em alguns.

No amor, não.

ALÉM DO ENTENDIMENTO

A essa altura
há coisas
que (ainda)
não entendo.

Por exemplo:
o amor. Faz tempo
que diante dele
me desoriento.

O amor é intempestivo,
eu sou lento.
Quando ele sopra
– estatelado –
mais pareço
um catavento.

NOVO GÊNESIS

No primeiro dia
o Demônio criou o universo e tudo o que nele há
e viu que era bom.

No segundo dia
criou a cobiça, a usura, a inveja, a gula, a preguiça, a
                                                        soberba, a ira
a que chamou de sete virtudes capitais
e viu que era bom.

No terceiro dia criou as guerras.
No quarto dia criou as epidemias.
No quinto dia criou a opressão.
No sexto dia criou a mentira
e no sétimo dia, quando ia descansar,
houve uma rebelião na hierarquia dos anjos
e um deles, de nome Deus,
quis reverter a ordem geral das coisas,
mas foi exilado
na pior parte do Inferno – os Céus.

Desde então
o Demônio e suas hostes continuam firmes
na condução dos negócios universais,
embora volta e meia um serafim, um querubim
e algum filho de Deus, desencadeiem protestos, milagres,
                                                        revoluções

querendo impingir o Bem onde há o Mal.
Porém não têm tido muito êxito até agora,
exceto em alguns casos particulares
que não alteraram em nada a marcha geral da história.

IN ILLO TEMPORE

Havia uma certa ordem naquele tempo.
Sendo verão, chovia às quatro da tarde.
Os pássaros pousavam nos galhos
cantando cada qual sua canção.

É verdade que cães e gatos
continuam obedecendo às nossas ordens
às vezes absurdas
e alguns deitam-se aos nossos pés
e beijam nossas mãos.

Mas havia uma certa ordem naquele tempo.
Um quadrado era perfeito
e um triângulo, com três lados,
podia chegar à perfeição.

VELHICE ERÓTICA

Estou vivendo a glória de meu sexo
a dois passos do crepúsculo.

Deus não se escandaliza com isto.

O júbilo maduro da carne
me enternece.
Envelheço, sim. E
(ocultamente)
             resplandeço.

MUDAM-SE OS TEMPOS

Estão, de novo, mudando o mundo
sem minha permissão
(embora a cumplicidade obrigatória).

Expulsam as raposas e castores de suas tocas
e trocam de endereço as oliveiras.

Há muito já obrigavam os pássaros a portar gravatas
e forçavam os peixes a nadar de costas.

Ontem de manhã arredondaram o último quadrado
e hoje à meia-noite
prometem aprisionar a fugitiva elipse.

ANTROPOLOGIA SEXUAL

Pela Natureza o homem é um ser polígamo.
(Há exceções. Poucas.)
Pela Natureza a mulher é ser monógamo.
(Há exceções. Muitas.)

Há quem discorde.
De qualquer maneira
a biologia comportamental dá provas.

Pela Cultura o homem tenta ser monógamo.
(Tenta.)
Pela Cultura a mulher tenta ser polígama.
(Tenta.)

Nisto já se vão muitos mil anos.

Convenhamos,
a passagem da Natureza à Cultura
e a tentativa de se chegar a um acordo
têm sido
        um notável esforço do casal.

SE EU DISSESSE

Se eu dissesse que o crepúsculo está coalhado de sangue
diriam que isto é uma banalidade
que só um mau poeta ousa escrever.

E, no entanto, o crepúsculo está coalhado de sangue.

Não só o crepúsculo, também a alvorada.
E quanto a isso não há muito que se possa fazer.

VOU FICAR DE VEZ NA PORTA DESTE CEMITÉRIO

Vou ficar de vez na porta deste cemitério.
Assim, já não serei surpreendido
quando outro corpo dobrar a esquina.

Vou ficar de vez na porta deste cemitério.
Farei aqui minha tenda como os antigos
que ali montavam feiras e quermesses
como tranqüilos inquilinos.

Aguardarei aqui a morte
que há algum tempo começou a chegar. A morte
que há muito tempo começou a cavar. A morte
repentina, que diariamente abre sua oficina. A morte
matinal e vespertina. A minha morte
que há muito tempo
nasceu em mim, em Minas.

À MODA DE FERNANDO PESSOA, QUASE MANUEL BANDEIRA

Se me parassem de pedir documentos
provando que sou quem sou...
ah! se parassem de me pedir documentos!

Esta a maior vantagem de estar morto:
ninguém me pedirá mais CPF, título de eleitor,

atestado de reservista e residência, provas de vacina
e pagamentos de imposto de renda.

Não me pedirão,
            mas aos herdeiros
exigirão que provem que eu era quem eu era
ou que eu não era quem não era.

Nisto Deus resolveu de vez a questão:
quando, no primeiro guichê da burocracia humana,
Moisés lhe indagou: – Quem sois?
Ele tão-somente respondeu:
– Eu sou quem sou.

No meu caso é diferente.
Eu nem sou o que penso ser.

Daí compreendo as dúvidas das repartições.
O burocrata pede
e eu lanço no balcão números e letras a granel.
Ele, funcionário, parece ao fim se contentar.
Eu, não.
Volto para casa
olho o espelho, reviro os poemas
numa pesquisa que não vai nunca terminar.

CANIBALISMO REPENSADO

Às vezes tenho a impressão
que, apressado, vivo deglutindo a vida
pensando em comer-comer
com a voracidade do *gourmand*
sem a sutileza do *gourmet*.

Às vezes, penso que estou, na pressa
perdendo o sabor, o refino do tempero
o *bouquet* dos sentimentos
e que os fatos e pessoas
é que finalmente me devoram.

Estou cansado disto.

Paro. Penso. E, então, escrevo:
Oh! vida, que generosa tens sido!
Adeus canibalismo apressado
começo a saborear minúcias
quero mais delicadezas
na minha cama, na minha mesa.

PEDES EXPLICAÇÃO

Pedes explicações, que não sei dar,
sobre meu jeito de amar.
Soubesse das razões por que te amo
deste modo
poderia também me apaziguar.

Sou assim:
        um gato na poltrona
            aos teus pés
ou um tigre que, faminto,
carinhosamente
            – vem te devorar.

EDIFICANDO A MORTE

Nesta semana
        morreram
três vizinhos no meu prédio.

Tomavam este elevador que tomo
passavam por esta portaria dizendo alô bom dia
saíam por esta vila pisando as pedras
em dias de sol assim indo ao mercado
pensando na família e nos impostos
e suspirando deprimidos com o governo.

O prédio permanece
e nele escrevo.

Inquilinos novos e velhos
tomam este elevador que tomo

passam pela portaria dizendo alô bom dia
saem por esta vila pisando as pedras
em dias assim de sol indo ao mercado
pensando na família e nos impostos
e suspirando deprimidos com o governo.

À noite
as luzes todas se apagam
e se apagam as tevês.
É quando o edifício inteiro dorme.
Dorme, num ensaio coletivo da arte de morrer.

LINGÜÍSTICA

Diz o lingüista
– "a palavra cão não morde".
Morde.
Saí com a perna sangrando após a aula.

Diz o lingüista
– "a palavra cão não late".
Late
e não me deixa dormir
com seus latidos.

Diz o lingüista
"a palavra cão não come".
Come
e se alimenta de minha carne.

DESENHOS DE PICASSO

Eu não procuro, eu acho.
Picasso

O que mostram (escondem)
entre as pernas
as mulheres de Picasso?
Relaxadas, entreabertas, entregues
dadivosas musas mudas

como se fossem gregas lascivas
espanholas carnudas
(ou baianas ociosas?)
nelas o sexo é uma fruta
que o pintor ousado morde.

O que acha (procura)
entre as pernas das mulheres
o pincel de Picasso
por essas vulvas entreabertas
e clitóris expostos
num labirinto de formas?

Ali,
o minotauro
insaciavelmente goza.

DEBRUÇADO SOBRE O MISTÉRIO

Não sou o primeiro a debruçar-me sobre o mistério.
Ovídio perscrutava as estações,
Leopardi tinha um pacto com estrelas.
Outros, deixando à parte os instrumentos
humildes e perplexos se renderam.

Não há como ao mistério decifrá-lo.
É próprio dos mistérios serem opacos.

Entrego o pasmo à sua sorte.
Passeio calmo em seus arcanos
aspiro aromas, vejo cores, toco formas
e me dissolvo extasiado nessa aura.

O QUE FICOU

É falsa a versão
de que passei incólume
ao pisar as brasas,
atravessar paredes,
ser serrado ao meio,

ao beijar a víbora
e acariciar o arcanjo.

Tudo me alterou:
as notícias que Marco Polo
trouxe do Oriente,
o olhar da cachorrinha
buscando seus filhotes,
a borboleta que morreu na pia.

Certo resisti ao vento, à peste.
Mas tudo me alterou,
hoje tenho um passado.
No meu corpo está presente
tudo o que me trespassou.

VIVI 45 ANOS

Vivi 45 anos.
Já fiz, suponho, metade do percurso.
Também o mundo acabará, é certo.
Primeiro o Sol – daqui a 5 bilhões de anos
numa explosão minúscula perto da que ocorrerá
quando bilhões de anos depois
explodirá toda a galáxia.

Nosso fim, portanto, é certo. Não
há museu de cera ou arca de Noé
que desta vez ultrapasse o arco-íris de horrores.

A menos, é claro,
que modifiquem as previsões da história.
Mas aí, já estarei morto.

PARA TIGRÃO

Passo a mão no pêlo deste cão
deitado no tapete.
Essa cabeça grande, quente, magnífica.

Passo a mão e ele aceita
meu carinho humano, animal.

No entanto, morreremos, os dois.

Nos tocamos ternamente.
Neste instante
– não morreremos jamais.

MEU CÃO

Meu cão ouve comigo
o adágio da 6ª Sinfonia de Beethoven.
Gosta de música meu cão.

Deitado no tapete
ele respira no ritmo sonoro da orquestra
apascenta-se e chega a dormir ao som dos violinos.

O adágio continua.
                 Agora
foi uma borboleta que veio ouvir Beethoven
pousando na vidraça.

O cão, a borboleta e eu,
enquanto ao longe, na montanha, uma nuvem
se desfaz
            com a imponderável melodia.

NA 5.ª AVENIDA

Sou um homem de 47 anos
andando na 5ª avenida de Nova York
e vivo num mundo onde todos se devoram.

Acabei de ver uma exposição mostrando
como Picasso, Braque, Brancusi, Modigliani, Giacometti
                                   e Wlamink

se apropriaram da arte africana
e se apropriavam eles mesmos

da arte uns dos outros.
De Gauguin e suas figuras da Polinésia
Picasso tirou suas "Duas mulheres sentadas".
– "Eu não procuro, eu acho" – dizia ele
e assim ia devorando artistas e mulheres.

Esta manhã li
que o deserto do Saara avança 6 a 12 milhas por mês.
Só em 1984 avançou 125 milhas
ameaçando engolir Sahel.

Como são vorazes os artistas e desertos!
Não é tão longe a África nem tão longe a Polinésia!

Ali na esquina, um cidadão acaba de matar
dois jovens canibais que o atacaram
e, nos jornais, virou herói.

ENTREGA

Abandonar o corpo à pessoa amada
para que faça dele o que quiser.
Não opor qualquer resistência
entregar-se natural, suavemente.
O outro sabe as veredas
como o rio desce encostas
para seu gozo no mar.

Abandonar o corpo ao outro
para que invente, projete
pontes de suspiros,
liberte seus demônios e poemas
e se converta em anjo
num ruflar de penas.

Abandonar o corpo à sorte alheia
fundida à própria sorte,
dissolver-se no corpo alheio
como quem na vida, dissolve a morte.

SE ESTIVESSES AQUI

Se estivesses aqui
eu não estaria usando esse pronome "tu", tão solene.
Tomaria teu/seu corpo intimamente
e saberia olhar o mundo pela primeira vez
se estivesses aqui.

Na tua ausência
olho o que inutilmente expõe-se
nas vitrinas-museus-flores-detalhes de pessoas nos cafés.

Eu teria tantos olhos
se estivesses aqui.

Faltam-me
tua alma de prata e teu olhar de jade,
aquele olhar
        – que me susteve
na escura noite da traição.

FIM DE SÉCULO

Ontem enterrei um presidente
seus discursos
                seus decretos
e cinco anos de minha vida
em sua mão.

Há três dias enterrei
    o maior artista do século
    dois romancistas europeus
    e um pintor brasileiro.

Todo dia há alguma coisa que enterrar.

Mas agora preparo-me
para uma façanha inédita:
sepultar um século inteiro.
Esta é uma tarefa enorme
terei que achar
alguém pra me ajudar.

PALAVRAS E PAISAGENS

Há certas palavras pelas quais passo freqüentemente
sem lhes conhecer o sentido verdadeiro.

Nunca fui ao dicionário
conhecer as formas polifacéticas de seu ser.

São como pessoas que por mim passam
ou que freqüentam nossa paisagem.
Não nos aprofundamos em conhecê-las.
Basta o colorido de suas vestes
e a sonoridade de seus nomes.

Não se pode esgotar o dicionário
ou amar completamente
                    – tudo o que encontramos.

O MORTO CRESCE

O morto cresce estranhamente, logo que morre.
A barba brota-lhe no rosto
e as unhas se alongam.
O morto cresce em nossa mente.

Súbito, recrudesce o afeto
ampliam-se as lembranças,
dilata-se a biografia
nas conversas e jornais.

O morto, antes de morrer completamente
instala-se no nosso espanto
iludindo a própria morte.

Depois, a urgência da vida
toma conta de nossos dias
e o morto se conforma
                   encolhe-se
e fica amortecido num canto da memória
até morrer de novo
dentro de nossa morte.

ILUMINANDO

Que fulgurante a vida face ao entardecer.
Desfolho seus momentos numa verticalidade absurda.

Os gregos amavam o Sol
e os decadentistas lunares formas de viver.
Projeto uns nos outros
iluminando o escurecer.

A tarde tem sortilégios.

Estou maduro para ela.

Escrevo. Escrevo. Escrevo.
E algo se grava e se esclarece
no ato de escreviver.

MÚSICA NAS CINZAS

Toda vez que soa esse adágio do concerto para oboé
                                                         de Mozart

paro tudo
ponho os pés sobre a mesa, como agora,
olho a lagoa em frente, cruzo os braços
e começo a levitar.

Se eu morresse ouvindo essa música
chegaria do outro lado tão asinho
que os anjos me tomariam por um dos seus.

Tantas vezes fiz soar no entardecer esses acordes
à beira-mar ou na montanha em minha casa de campo
que as azaléias, a grama, as cerejeiras e ciprestes
ressoam por si mesmos a melodia
quando desperto.

Um dia estarei morto
e peço que joguem minhas cinzas entre as flores.
Os que passarem nesta paisagem
além de aromas,
ouvirão acordes da eternidade.

A MORTE VIZINHA

Estou jogando água nas plantas
com o olhar no azul do mar
e minha vizinha está morta.

Sozinho em casa, improviso um almoço
e a morta vizinha já não come.

Comprei jornais
que a morta vizinha já não lê.

A morta vizinha
a morte vizinha
a minha morte
                que se avizinha.

A BELA DO AVIÃO

Mereço tocar em teus cabelos,
loira e anelada mulher
que não me conheces
e estás sentada a dois metros de mim neste avião.

Te contemplo com intimidade. Sei
teus contornos e perfumes.
Reclinas teu assento para dormir
e fechados os olhos viajas
para alguém que te espera, ou não,
sem saber que eu merecia tocar em teus cabelos,
em tua boca perfeita,
teu sublime nariz,
sem saber que conheço teu corpo
com absoluta intimidade.
Estou te vendo, com extremado pudor,
em peças íntimas no quarto,
sei da ponta de teus seios
e do grito que lanças ao gozar.

Como deve ser importuno
carregar continuamente

essa beleza
publicamente cobiçada!

Poderia te falar
mas te sentirias imediatamente punida
por seres linda.

Vai, colhe poemas, cobiças e suspiros
à tua passagem,
pois carregas o fastio da beleza
esse ornamento difícil de ostentar.

Nunca saberás que um poeta
assim te contemplou.
Nunca saberás que estás aqui descrita.
Nunca poderás te valer destes meus versos,
quando, sendo bela, chorares como as feias
e aviltada quiseres morrer
na hora da traição.

REMORSO EM GENEBRA

Eu não poderia viver em Genebra
a olhar aquele lago congelado
sobre meu vermelho remorso.

Os prédios têm cinco, dez
andares cheios de ouro no subsolo,
estão erguidos
sobre distantes escombros.

Quando ali chove, repare
como a chuva
cai vermelha em nossos ombros.

MORTE NO JARDIM

Ondulando anéis rubros e negros, a cobra
era bela
e vinha deslizando no jardim

quando a vi
            – num misto de temor e êxtase.

Venceu em mim, no entanto, o selvagem
que saiu à caça da presa
que se enroscava
                mimetizando-se
com as flores no gramado.

Atiro-lhe na luta a lança
corto-lhe o corpo em uma
duas
    três
        partes
e nauseado
com o veneno do remorso
afasto-me
deixando atrás a beleza destroçada.

A tarde enrolava rubros e negros anéis sobre as montanhas
e o Sol morria perplexo sobre crisântemos e dálias.

– A poesia
não resgata
        – o que matamos no jardim.

ESCLEROSE AMOROSA

O que fazíamos no leito?
De tua voz já nem me lembro.
Tuas pernas dissolvem-se na neblina.
Havia uivos de gozo?
Nem dos seios sei exatamente.

O que eu fazia? O que fazias?
Ah! uma vaga lembrança
a que nem amor eu chamaria.
No entanto, parece que eu sofria.
Sofria?
Já não me lembro por que sofria.

MORTE DO VIZINHO

Meu vizinho acaba de se jogar do 15º andar
e seu corpo caiu no *play-ground*
nesta ensolarada manhã de verão.

Estava com depressão, dizem.
Vi-o algumas vezes de bermuda no corredor.
Sei que escrevia sobre Freud.

Seu corpo ainda está lá embaixo.
Se eu tivesse ido à janela há pouco
o teria surpreendido em pleno vôo
e lhe estendido a mão.

Estendo-lhe, tardio, o poema
que não interrompe a queda
mas é o gesto possível que antecede o baque.

VIVA FERA

Não me canso de estudar a morte.
Como é fértil e reverbera novos ângulos
conforme a hora em que a entrevejo
na minha trajetória.

Preencho-a de significados vários.
Ela cresce, me fascina, me enriquece,
me habita viva feito fera
que parece domesticada e, no entanto,
soberana
       – mansamente me devora.

AMOR DE OSTRA

Nunca soube como as ostras amam.

Sei que elas têm um jeito suave de estremecer
diante da vida e da morte.

Tens um jeito de acomodar teu corpo ao meu
como na concha.

Eu não sabia como as ostras amam
até que duas pérolas brotaram de teus olhos
no mar da cama.

ISTO & HISTÓRIA, 1968

Ontem, 67 estudantes foram presos na Cinelândia
enquanto se manifestavam contra o governo.
Mas outros tantos, 60 mil, talvez
foram à praia, no mesmo dia.
Fazia um sol estupendo.
Nenhum desses se importava com isto ou a história,
senão com o sol em suas peles bronzeadas, raquetes
                                                          e pernas.

Que nenhuma folha ou fio de vossos cabelos caia
sem que Aquele que está no Céu o consinta.

Aqueles dois que bebem seu chopp no bar da praia,
a babá que empurra o carrinho do bebê,
a colegial azul e branca que toma ônibus
o policial e o cacetete
isto ou aquilo – tudo é história.

Agora, por exemplo,
não estou lendo Marx, a Bíblia ou o que Levi-Strauss
escreveu sobre os bororos,
mas ouvindo os Blood, Sweat and Tears.

AUSTIN, 1976

E como caminhássemos à beira-rio no entardecer
e a filha menor nos perguntasse
se antes de nascer
já nos amávamos à beira-rio
minha mulher
              se adiantou
– Sim, filha, a gente se amou
à beira desse e de outros rios

antes
    e depois de você
e, sobretudo, sem rio.

DE NOVO, OS CUPINS

Minha filha chama-me para ouvir
o craque-craque dos cupins
devorando-me os livros na estante.

Paro, presto atenção, não ouço nada,
embora sejam meus os livros:
Joyce e seu irmão Stanislau, Soljenitsin,
Truman Capote, Marguerite Duras, nem sei mais.
Os cupins estão devorando a prosa.
Quando chegarão à poesia?

Preciso dialogar com minhas próprias ruínas.
Deveria ter ouvidos mais apurados. Deveria.
É a idade. Cada vez ouvindo menos
cada vez cupins comendo mais.

INTERMEZZO ITALIANO

ARQUEOLOGIA

Já sei o bastante sobre a infelicidade de meu vizinho
para poder dedicar-me melhor
a salvar a vida dos extintos etruscos.

Pelo meu vizinho
pouco posso fazer mais do que faço.
Mas pelos etruscos, posso ajudá-los
quando Furio Camillo
vier saqueá-los em 396.

Salvarei aquele vaso de alabastro de Volterra,

aquela cabeça feminina, em mármore, em Selinunte,
o sarcófago de Vila Giulia
com o relevo dos esposos nus se amando.

Os pobres e miseráveis
sempre os tendes convosco,
mas a beleza é rara e avara.

Se eu não a resgatar em mim
não poderei cuidar do meu vizinho
quando vier a peste negra de 1348.

RISTORANTE ETRURIA

Essa bela garçonete etrusca
com esse nariz imponente navegando
entre as mesas do restaurante;

essa bela garçonete etrusca
com esse nariz portentoso
como enfunadas velas na direção da Grécia;

essa bela garçonete etrusca
passa para cá, para lá
ocupada em seu trabalho,

e não sabe que a contemplo
há 25 séculos atrás.

MAIS BELEZA, SENHOR

Tio Lemos, humilde servo e pastor,
em sua vida tão despossuída
inda dizia: – Chega de bênção, Senhor!

Na Toscana, neste azul outonal
banqueteando com o corpo e o espírito
sorvendo a glória artística dos santos
quase chego a dizer: – Chega de bênção, Senhor!

Porém, minha alma insaciável

parece nunca se bastar, e implora:
– Mais beleza, mais beleza, Senhor!

E o Senhor, impaciente, ordena:
– Entra nesta igreja de Orvieto
e ante os afrescos de Lucca Signorelli
ajoelha e chora.

ESCAVAÇÕES

O que sei eu dos etruscos?
Suas artes, seus arados
seu comércio de além-mar?

O que sei eu dos etruscos?

Devo descer neste Poço de San Patrício, em Orvieto
e iniciar o aprendizado?

Ali, a 200 metros, acabam
de encontrar nas tumbas
mais profundas
              vestígios
vestígios
           – dos pré-etruscos.

– O que sei eu
           – dos pré-etruscos?

O QUE SEI DOS ETRUSCOS

Quase tudo o que se sabe dos etruscos
é o que deixaram inscrito em seus sarcófagos:

        imagem de danças
        música
        esportes
        banquetes
        desenhos de demônios
        enfim
        o conhecimento do dia-a-dia

            feito arte funerária:
            espécie de jornal
                            enciclopédia
            essência

daquilo que da morte sempre resta, poesia.

NA PRAÇA DE FLORENÇA

Subo quatrocentos e tantos degraus
do Campanile dei Duomo de Florença
– obra de Giotto.
Mania de subir pirâmides
        edifícios
        catedrais.
Forma de não ficar aterrado diante de tanta história.

Em frente
Brunelleschi ergueu a cúpula de Santa Maria del Fiore
onde vejo alçados dezenas de turistas
que subiram seus degraus
e olham o horizonte que se desfaz atrás de mim.

No folheto está escrito
que para visitar a Piazza del Duomo é necessário
pelo menos meio dia.
O dia vai terminar
                a noite me chama
e eu não esgotei
            – o que a praça oferecia.

PIER DELLA VIGNA

Passo por San Miniato – onde viveu Pier della Vigna
a quem Dante meteu no Inferno
por ter se suicidado
ao não suportar a inveja,
                a maledicência
                e as traições na corte.

Duplo equívoco.
Dante não deveria meter no inferno
quem no inferno já vivia.
Quanto a ti, caro Pier,
melhor fora que em vez da morte
te houvesses vingado com tua vida
vivendo-a
        – além da corte,
recebendo, a salvo, notícias
de como no serpentário do poder
os que rastejam se envenenam
e lentamente começam a morrer.

COM DANTE

Neste Castelo de Gargonza
Dante esteve um pouco antes de mim.

Escapava de inimigos (os gibelinos).
Pisava nestas pedras
ouvia o mesmo sino que na torre ainda há pouco batia.

Isto foi há oito séculos.

O que não é nada
diante das pedras
           – e da poesia.

GARGONZA

Há castelos
        – grandes obras humanas.
E que força têm as pedras
sedimentando as coisas
                mudamente.

Mas a poesia pode estar nas frestas
como esses dois lagartos
que me espreitam soberanos
nesta manhã de sol
neste castelo de Gargonza, na Toscana.

Escrevo um texto para o jornal, perecível.
Os dois lagartos olham-me. Imóveis.

Imobilizado, já não escrevo.
Bate o sino na alta torre.
Estancou-se a prosa.

Poesia é o que nos espreita
pela fresta dos dias.

CERTALDO

Um lagarto passeia sobre os muros medievais da cidadela
sua mínima e inexpressiva história.

Como eu
a minha pequena, pequeníssima
quase-história.

Bate o sino deste burgo medieval.
Junto às pedras do moinho
rosas e gerânios desbordam
de grandes vasos vermelhos,
um pé de figo ao lado se oferece
e estou sob uma videira que desde os tempos de Boccaccio
me dá sombra e cresce.

ENTRE CASTELOS

Tenho conhecido castelos à beira-mar,
castelos no deserto, castelos nos rochedos
castelos na neblina, castelos nas florestas.
No entanto, nunca quis ser rei.

Entre seteiras, torres
pontes levadiças, calabouços
ouço ecos de festins,
duelos de espadas,
roçar de longas saias,
lamentos, cochichos de aias,

tropel de notícias e sussurros
de traição.

Que súdito sou, vagando
nesses adros taciturno, boquiaberto?
Que notícias de guerra trago?
Que segredo entrego ao rei?

LUAR NA TOSCANA

A mim me tocou uma lua cheia em San Geminiano.

O que mais pode querer a alma de um homem
amado por uns, por outros detestado,
que segue os pássaros com os olhos
que deixa fluir com os rios o seu desejo
e tem no bolso uns quatro ou cinco segredos?

A mim me tocou, de novo, a lua cheia
e foi em Certaldo Alto.
Recebi-a calado.
E como era por demais extasiante
depositei-a
      – nos olhos de minha amante.

AS IDADES DO HOMEM

Em *Le Tre Etá dell'uomo* de Giorgione,
o jovem de boné, ao centro, lê,
o pai, com o dedo erguido – como nas pinturas clássicas
– ensina,
o velho calvo é o avô, olhando para o lado
como se a resposta de tudo se encontrasse
fora da moldura, além do quadro.

O DEUS DE SANTA FINA

Santa Fina, aos 10 anos, doente,
se meteu num catre
e morreu de paixão pelo Senhor.

Depois de morta, fez milagres
e os fiéis, por isto, vêm à igreja em seu louvor.

– Por que Deus tem que matar
uma menina de 10 anos
para nos mostrar seu amor?

SAN GEMINIANO

Sob as arcadas da Collegiata
– um afresco ao fundo –
um oboé e uma harpa destacam-se
nessa tarde de outono
ressoando o adágio de Albinoni.

Pelas tríforas e aposentos outrora medievais
os sons passeiam até pousarem
no poço da praça principal.

Dentro da igreja, o afresco de Guirlandaio
conta a sofrida estória de Santa Fina
que definhou de paixão por Cristo aos 10 anos.

Lá fora, nas arcadas, abrimos nossos sanduíches,
as frutas da estação,
o vinho apropriado
e nos refestelamos piamente
em pura contemplação.

IREI A LUCCA, CAMINHO DO MAR

Irei a Lucca, caminho do mar.

Aí, de novo, amostras da arte de Bronzino, Tintoretto,
    Andrea della Robbia e Filipino Lippi.
Como soam ternos, íntimos esses nomes.

Adiante
    a fachada da Chiesa de San Michelle
aquela pracinha rodeada de prédios medievais
erguidos sobre as pedras do circo romano.

Caminhar sem medo do desconhecido no entardecer
em Lucca
sobre seus largos muros
entre escuros troncos de olmo e dourados plátanos.
Um sino toca desde sempre
e epifanicamente
                nos achamos perdidos
na Toscana.

ALTA NOITE EM MÂNTOVA

Aconteceu-me alta noite entrar na Piazza delle Erbe,
em Mântova
caminhar sob suas arcadas
                em silêncio
e, de repente, vislumbrar a
                Torre dell'Orologio
                o Palazzo della Ragione
                a Rotonda di San Lorenzo.

Mântova dormia.
Na igreja de Sant'Andrea
repousava o corpo de Mantegna
velado por afrescos de Correggio.

Quando cheguei à praça
onde o Palazzo Ducale e o Castello di San Giorgio
me esperavam
                – petrificado ante tanta beleza
na neblina passei a ser
apenas
        uma das pedras que o luar reverberava.

CARTA A VIRGÍLIO

Caro Virgílio:
                atrasado 2066 anos
chego à sua Mântova
e hospedo-me no Hotel Dante.

Sou um pobre homem
do Caminho Novo das Gerais
sentado nesta praça medieval
em tempos a que chamam pós-modernos.

E imagino de que brincava você, menino,
nas ruas da outrora Mântova
naquela Roma Imperial.

Em minha cidade, além dos jogos secretos
com as ninfas-meninas
havia a amarelinha, o arco, o finco,
o mês de agosto com pandorgas
que os chineses no seu tempo já alçavam.

Olho o céu. Uma lua crescente
– a mesma que você via –
é a única ligação entre nós
além da poesia.

DOMINGO NOS CAMPOS DA TOSCANA

Domingo nos campos da Toscana:
vinhas enfileiradas,
oliveiras ondeando morros,
ciprestes pontuando torres e castelos
como se os sons de Frescobaldi
se condensassem em paisagem.

No entanto
        aqui e ali
ouço estampidos que rasgam o azul:
um caçador de domingo com seu cão
desce solerte a encosta
com sua arma na mão.

Caem pássaros que não vejo
                    vitimados
sobre as folhas do chão.

Domingo nos campos da Toscana:
– a morte também envia seus ruídos
nos momentos de perfeição.

EM VENEZA

Em Veneza
             estivemos
Goethe
Thomas Mann
Byron
Casanova
Vivaldi
minha mulher
e eu.

Não pudemos, infelizmente,
levar as crianças.
De Goethe
e dos demais, sabe a história.
De nosso amor em Veneza, sabemos
eu
e minha mulher.

E isto nos dá um certo sabor de glória.

PISTÓIA

Como podiam guerrear aqui
entre castelos e vinhedos?
Atirar granadas, estuprar camponesas,
– como podiam?

Sangue nenhum torna tão fértil a terra
que faça brotar sob essas cruzes
o que morreu, o que morreu
naquela áspera estação.

VILLA SERBELLONI, COMO

Está difícil sair do século XVIII.
Estou preso em suas grutas e jardins,
em suas colunas e espirais.
Não há fuga e contraponto possível
embora o computador.

Sei que lá fora me acenam
tecnologias surpreendentes
na direção de outras galáxias,
mas estou atado a estes ciprestes,
eu, alguns pássaros, flores e lagartos.
Além do mais, ao que consta
o século XX está para acabar
enquanto o XVIII, para mim,
começou a começar.

VILLA SERBELLONI, PRIMAVERA

Quando cheguei não havia flores, só promessas.
Primeiro disseminaram-se margaridas pela encosta
e cobriram-se de rosada luz as amendoeiras,
logo, iridescentes, a copa das pereiras e pessegueiros,
pareciam fogos de artifício perfumados,
íris e tulipas bailavam nos canteiros
sob o aplauso de violetas e amarílis,
foi quando as glicínias e peônias de vez ensandeceram
e sobre teu corpo eu desabei inteiro.

VILLA SERBELLONI, PEÔNIAS

Estas peônias floriram
há uma semana
sabendo que sua vida é curta
e se chover é morte certa.

Chove
e caem pétalas na terra.

Por que poeta!
deveria teu poema ser eterno?

NINFA

Diz um crítico
que desde o tempo de Alexander Pope
as ninfas partiram
sem deixar seu endereço.

Se assim é
       como explicar que junto àquela fonte
       por trás daquele ramo, ao meu encontro
       vem sorrindo a mulher que amo?

DILEMA

Sempre que volto de viagem
a alma refestelada de afrescos, vinhos e castelos
sento-me na praia aqui nos trópicos
e ponho-me a olhar o horizonte
de onde vivo regressando.

– Não deveria ter voltado. – Sim, devia.

De costas pra montanha
de frente para o mar
                dividido
entre ir e regressar
penso que merecia
porto melhor para ancorar.

De frente pra montanha
de costas para o mar
recomeço a caminhar.

POEMA TIRADO DE "BREVE HISTÓRIA DA CIÊNCIA

– *a busca da verdade"* do norueguês Eirik Newth

Aparentemente
existe um número infinito de seres vivos
que seguem a lei da probabilidade.

O astrônomo pode calcular
onde se encontrará o planeta Júpiter em três mil anos.
Mas nenhum biólogo
pode prever
        onde a borboleta pousará.

POEMA TIRADO DE UM LIVRO DE CIÊNCIAS

Lineu,
    sábio do século XVIII
conhecia os pássaros pelo bico
os peixes pelas nadadeiras
e os insetos pelas asas.

Procurando Deus
classificou 5.897 espécies vivas
e ao final da vida anotou:
– Vi as costas do Deus infinito, onisciente e todo-poderoso
quando ele se foi
        – e fiquei tonto.

POEMA TIRADO DO JORNAL *EL ESPECTADOR,* BOGOTÁ, 27.3.94

Cuando el Che Guevara dejó Cuba
pasó por Roma.
Disponía solo de una mañana
y se la pasó tumbado al suelo

de la Sixtina
contemplando sus pinturas.

De alli
salió hacia el aeropuerto
para un viaje sin retorno.

POEMA DESENTRANHADO DE UMA ENTREVISTA DE SEGÓVIA

Para Turíbio Santos

Em 1937 ganhei de Herman Hauser uma guitarra Hauser.

Nos anos 50 fui tocar nos festivais de Granada
mas a Hauser adoeceu de três notas:
– um fá sustenido
– um sol natural
– e um dó natural agudo,
que se converteram no que chamamos: sons lobo.

Nem o filho de Hauser
nem o grande Viscondez de Genebra
ou qualquer luthier
               a puderam curar.

Desde então, toco uma Fleta.

HAMBURG HILL

               (*poema tirado do* LOS ANGELES TIME, 1967)

– 10 days of battle
– 3.000 feet high overlooking the Ashan Valley to the east
– 10 infantry assaults signs
– 10 May. 1967.

But it succumbed on 21th
               11th attack as
             1.000 troupes of the
             101st. Airborne Division

– "It was a great victory by a gutty bunch of guys"
(said Major G. Melvin Zais)
– "Real victories don't come easily" – he ended.

Many bodies were reported
found in deep bunkers
partly crushed by massive air strike.

– Celebrating the victory
marines went to spend two days at the beaches of
                                      Chinese Sea.

ENTENDIMENTO

Estou cada vez mais entendendo a eternidade
e o que chamam inveja humana.

Não sei aonde isto pode me levar.

Entender certas coisas é libertar-se
como quem, mudo, canta um hino.

Sou isto e não aquilo.
Contemplo meu instante no olho
e me ilumino.

O TELEFONE E O AMIGO MORTO

(Crônica-poema para Hélio Pellegrino)

Nesta límpida manhã de março
o telefone ainda não anunciou a morte do amigo.
A lagoa e as montanhas sabem já que algo morreu longe
                                      de mim
e, no entanto, disfarçam a notícia numa cumplicidade azul.
Quanto tempo levará ainda esta notícia
retida em outras bocas e ouvidos
até me atingir como um tijolo no peito?
Ainda não começou a morrer (em mim) aquele que
                                        já morreu

e que as gaivotas da praia não ousam anunciar.
Há uma tocaia atrás do azul desta manhã.
Desprotegido, recorto jornais, dou telefonemas,
azulejo a manhã na minha mesa,
organizando a burocracia do dia.

Nesta límpida manhã de março
o telefone não anunciou ainda a morte do amigo.

Se alguém, súbito, o mencionasse vivo
o veria no consultório das falas aflitas
ouvindo o relatório das paixões desnorteantes
o admiraria nas festas e mesas, nos comícios e textos
alternando revolução e ternura.

O telefone, porém, ainda não soou.
Estou no minuto anterior à notícia da morte
em que a felicidade é consentida.
No minuto anterior à morte
em que é possível o gesto salvador
que resgate o jovem no fatal mergulho,
o carro que se desgovernou na pista,
a bala que atravessou a noite.
Aquele minuto anterior à morte
em que a mão do médico prolonga e tece
com novos fios, a vida.

O telefone ainda não soou
e não sei que à tarde estarei no cemitério
lado a lado com seu corpo, caminhando
entre desconhecidas covas, desvalido
abraçando outros desvalidos.

Não acordei hoje para ir ao cemitério
e à luz dos refletores da tarde ter que formular o pasmo
sobre o ocaso de uma geração que vai se dizimando.
Mas a manhã azul, traiçoeira, como o alcagüete
escolhe a vítima e antegoza a tortura da notícia.
Impossível, contudo, ver no Sol desta manhã o eclipse da
                                                            face amiga.

Ao contrário, o vejo: Hélio – o fulgurante

Hélio – solar criatura, verbo coruscante, mediterrânea
                                        fagulha
versando sagrada fúria.
Hélio – lírico desassombro entre ruínas
com o tropismo de sua voz nos ensinando
que é possível ser grego e tropical, nascendo em Minas.
Ah! Héliovívida aventura, Héliodescentrada figura
lançando sóis na órbita da loucura.

O telefone ainda não soou sua morte
que venha quando venha será sempre prematura.
O telefone ainda não soou
e não sei ainda como o infarto estanca na madrugada
uma usina de sonhos em forma humana.
Não posso portanto perguntar ainda
o que será de seus três eus restantes.

O telefone me dá tempo de olhar estúpido
a límpida manhã de março
ainda sem amargura.

Mas a ditadura deste azul é sufocante.
O telefone ainda não lançou manchas roxas na pele
                                        da manhã.
O telefone não sabe o que se prepara no inconsciente
                                        das manhãs.
Por ora, contemplo a manhã desta janela. É eterna.
Arrumo os papéis azulejando a burocracia do dia.
Tenho um dia pela frente
                – e sou quase feliz.

QUANDO VIAJAS

Viajas, e desespero.
E peno.
Despassarado
vou ficando murcho
num canto, mudo.

Viajas

e me seqüestras
eqüestre amada
onde o coração galopa galopa galopa
no meu ser paralisado
                    exposto
na publicada praça dos meus versos.

ANSIEDADE, 1983

Eu vi um homem
matar um animal
e ninguém o defendeu.

Eu vi um homem
matar outro homem
e ninguém o defendeu.

Eu vi um povo
exterminar outro povo
e ninguém o defendeu.

Prevejo homens
destruindo o mundo inteiro
e ninguém para detê-los.

Ninguém.
           Nem você nem eu.
Nem Deus.

SE É PAIXÃO, ME NEGO

Se é paixão, me nego.
Já resvalei, a alma em pêlo
nesse áspero despenhadeiro.
Se é paixão, não quero.
Conheço seus espinhos de mel,
sei aonde conduz
embora prometa os céus.

Se é paixão, desculpe-me, não posso

conheço suas insônias
e a obsessão.

Se é paixão me vou, não devo,
não adiantam teus apelos.
Resistirei, porque aí
morri mil vezes.
Paixão é arma de três gumes,
ao seu corte estou imune.

Se é paixão me nego
e não receio que me acuses
de medo. Do desvario
conheço todos os segredos.

Se é paixão recuso-me
e sinto muito,
pois foi a custo
que saí do labirinto.

A LETRA E A MORTE

Para Fausto Henrique

Meu amigo morreu
e eu estava ao telefone encomendando estantes para
                                      os livros.
Quem me dava a notícia
explicava como o câncer devorou-lhe o fígado
em um mês,
enquanto minha mulher do outro lado da sala
perguntava se eu ia montar a árvore de Natal.

Volto pesaroso ao escritório
lembrando o amigo que restaurava obras raras
e mal repouso a tristeza e os olhos nas montanhas
outro telefonema
cobra-me uma conferência na Argentina.

Visitarei o corpo do amigo na capela 5 às três da tarde
mas não poderei acompanhar-lhe o sepultamento

porque no mesmo horário
estarei numa livraria
                    lançando um novo livro:
– mausoléu de palavras vivas –
celebrando o amor e a morte.

TUMBA CELTA

Há cinco mil anos,
na Irlanda do Sul
– sempre no solstício de inverno –
um fino raio de Sol
atravessa a noite das pedras
e ilumina, certeiro, o centro
do templo-tumba
que os celtas, em New Grange, construíram.
E é então que o fora e o dentro
a luz e a treva
o homem e o cosmos
                    se complementam.

Já estive em templos e tumbas imensos
arquitetados por imperadores e faraós.

Às vezes, é preciso internalizar-se
na escuridão da pedra
para merecer um raio de luz.

CONFERINDO O TEMPO

Estamos, meu vizinho e eu,
envelhecendo
no espelho do elevador.
É uma operação diária e complicada.

Um no outro, conferimos nosso avanço
comentando a decrepitude dos mais velhos.
O elevador desce, e avançamos sorrindo
como se houvesse flores no abismo.

ANIVERSÁRIO NO AEROPORTO

Faço 57 anos no aeroporto de Bogotá.
Aviões partem e chegam menos o meu
atrasado dois dias.
Crianças lambuzam-se de sorvetes e choram
jovens deitam sobre mochilas pelo chão,
adultos olham o que surge e some no horizonte
e não sabem o que fazer da espera.

Leio jornais para ilustrar o tempo:
nos suplementos dois poemas de Bukowski
(um dos quais fala da bunda das mulheres mexicanas).
Vão inaugurar a restauração da Capela Sistina
onde Guevara esteve meditando
antes de embrenhar-se para morrer
– nascer nas matas da Bolívia.

Este país está todo dividido:
um terço com as guerrilhas,
um terço com o narcotráfico,
um terço que se quer governo.

Mas faço aniversário
e considerando minha vida de camelô literário
consulto no jornal o horóscopo do Tarot
que me adverte:
*"sus cartas sostienem que no sucumbir a las persuasiones
maléficas de la seducción, a su voz que habla maravillas, es
casi imposible. Pero seria um error, porque el trabajo no
tiene pajaritos de oro como le pintan. Velas mojadas, muchas
velas mojadas"*

Com velas molhadas
no aeroporto de Bogotá
meu aniversário não se comemora.

REPASSANDO

Interessado no passado estou.
O passado, impaciente, me acena
me habita, me ordena.

O presente é uma vaga aliança
da aparência com a esperança.

O futuro pode esperar:
ele é uma fruta
que ao invés de ser colhida, me habita
e me impele a madurar.

GRÉCIA, 1987

1

Fui visitar a Grécia
e ela não estava lá.

Estava nos livros
estava nos mitos
no British Museum,
Nova York, Washington
Louvre, São Petersburgo, Berlim.

Fui visitar a Grécia
e tive que inventá-la em mim.

2

Centenas de adolescentes gregos
desembarcam junto ao canal de Corinto:
eram naiades de blue jeans.

Os jovens vinham de Esparta
mas não traziam discos e dardos
exercitavam os músculos modernos
carregando enormes rádios
tocando rock
como os negros de Nova York.

3

Em torno do templo de Apolo em Corinto
casas com antenas de tevê
tentam captar mensagens de outros deuses
de outro Olimpo.

4

Ali de cima contemplamos o vale
o Templo de Micenas a tumba fabulosa
de onde o explorador tirou
toneladas de ouro e glória.

Mais discreto o chofer do ônibus
colhe rúculas junto à estrada
para uma anti-histórica salada.

5

Delfos.
Só sobrou o que era sólido:
– a pedra
e a densa porosidade
dos mitos.

6

No teatro de Epidauros
se a pessoa se coloca
no círculo assinalado
e acende um fósforo
no topo da arquibancada
ouve-se o estalido da combustão
com certo assombro.

No centro destes textos
ponho o coração batendo aceso.

Há eco? Ouvidos?
Ou em torno de Epidauros
só há silêncio e escombro?

FLOR & CULTURA

Meu conceito de jardim
determina
o que é praga
ao redor de mim.

MODIGLIANI E EU

Modigliani e eu
gostamos de grossas coxas
alongando o desejo nu.

O corpo em repouso
entregue ao olhar.

Modigliani e eu
gostamos de grossas coxas nuas,
não como as que a Rubens apeteciam.
Gostamos Modigliani e eu
de coxas nuas, consistentes.

No olhar, o imponderável.
E no triângulo do sexo
o silencioso,
o discreto,
o imensurável
e doce abismo
a nos chamar.

ADÁGIO DE MENDELSOHN

E como eu tivesse que sair do escritório
e o rádio tocasse o adágio do Concerto para Violino de
                                        Mendelsohn
decidi deixar ligado o aparelho
embora ninguém estivesse ali para apreciar o que se ouvia.

Deixei os livros, o computador, objetos na estante,
   as canetas, grampeadores, tesoura, folhas de papel
                                        em branco,

deixei tudo entregue
à responsabilidade musical de Mendelsohn.

Quando voltei daí a dez minutos
todos os objetos, absolutamente todos,
olhavam-me agradecidos
e até na paisagem da janela
havia uma densa, muda e imponderável melodia.

ESPADA DE PIZARRO

Eu vi a espada de Pizarro
                              na vitrina
de um museu em Lima.

Era fina.
Foi comprada por um peruano rico
de um americano rico
para o espanto de meus olhos pobres.

Eu vi a espada de Pizarro
– era fina –
numa tarde cinzenta em Lima.

Num museu podia ser um histórico ornamento.
Mas uma gota de sangue escorria
escorria no assoalho ainda.

O OLHO DO JAGUAR

No Castelo de Chavin, no Peru
havia 24 labirintos
e na pedra sacrificial, cortada a cabeça humana
o sangue da vítima descia em meandros
rumo ao rio.

Do lado de fora, os fiéis
num teatro imaginário, ouviam ruídos estranhos
mas não viam a cena. Acreditavam.

Somente o olho de jade do jaguar nos monumentos
presenciava a eternidade.

AMOR E ÓDIO

Amor, te odeio
pelo que me fazes sofrer,
te odeio
porque não paro
de te querer,
te odeio porque sofro,
e, vivo, morro,
te odeio porque
em ti naufrago
quando era de ti
que tinha que vir
o meu socorro.

A MARAVILHA DO MUNDO

Quem disse
que são sete as maravilhas do mundo?
Quem disse
        quais são? onde estão?

E se as maravilhas do mundo
forem oito
ou vinte e sete
ou incontáveis
como as que encontro sempre no seu corpo?

ESTRANHAMENTO

Estranho
que depois dos 40
esteja aprendendo
o que é o amor.
Que tolo então eu era
achando
que já sabia tudo de cor
pensando
que nesta matéria

não sentiria mais dor
pois dor e alegria me abalam
e humilde
       – reaprendo quem sou.

Talvez pensasse
já ter resolvido a questão
quando na adolescência
morto de amor
vivi a ressurreição.
Mas o amor revém
com seu mistério sobre um homem
que em breve
             será velho. Revém
e me humilha. Me humilha
e glorifica
me deixa doce e perplexo
enquanto minha carne
se estremece
          – e maravilha.

ARTE MORTAL

Anda me cercando a morte
por vários lados
abrindo alçapões
até dentro da casa.
Anda me espreitando
querendo intimidades
dentro dos lençóis.

Anda num vai-e-vem
de comadre sirigaita. Vem
lança um boato e parte. Vem
toda manhã
deixa a mensagem
no jornal do espelho
inscrevendo
no meu rosto
sua antiobra de arte.

BATALHA DE BOYNE, 1966

(Em 1690 travou-se em Boyne, perto de Dublin, a histórica batalha entre o rei católico James II e o rei protestante William III. As seqüelas do conflito continuam até hoje na vida da Irlanda, conforme os jornais)

Bois tranqüilos pastam
onde James II e William III
travaram a batalha de Boyne.

Ruídos de espadas e escudos
escorrem pelo rio da morte.
A grama é um verde eco de vida.

Há mel nas flores
e anúncios pós-modernos na estrada,
mas a batalha continua:
– James II e William III
guerreiam esta tarde nos subúrbios de Belfast.

LINDINHA

É linda, é vida, é mulher
essa pequenina mariposa
que, clarinha, pousou
na folha branca de papel.
É linda, é vida, é mulher.
Parece a cinderela,
alguém em traje de noiva,
tão quieta, embora.
Na cabeça uma coroa.
Com seu manto de rainha
mexe as anteninhas. Para mim?
Querida:
não és a bruxa preta do poeta,
o corvo escuro,
a mosca azul do poeta.

Que mensagem me trazes?

Escrevo entortando a frase, a letra
para não te machucar.
Não ser zoólogo
para entender-te,
saber tua espécie,
teus anseios, ó lindinha,
vai, voa, leva meu afeto
ou, então, fica tranqüila
enquanto folheio coisas já escritas
ou em silêncio escrevo
para daqui não te apartar.

Me olhas, que te escrevo.
Adiante a lareira arde,
lá fora, cantam grilos.
Certo tens uma biografia
como qualquer ser desconhecido.

Paro de escrever. Te observo.
Se eu vivesse no campo
como São Francisco
que belos amigos faria!

Entre uma folha e outra,
entre um minuto e outro
um ser vivo pequenino, como eu,
se instalou defronte a mim.
Querida,
não és a bruxa preta do poeta,
o corvo escuro,
a mosca azul do poeta.
És pequenina,
és linda, és vida, és poesia
e, certamente, mulher.

PÓS-AMIGO

Você sempre foi falso
e eu era seu amigo.

O que em mim era canção
era, em você, ruído.

Você inda distorce
qualquer coisa que digo.

Você persegue a glória
e se diz perseguido.

Como é falsa sua vida
meu dileto inimigo,

entre nós vai se abrindo
cada vez mais o abismo,

você é pós-moderno
e eu sou pré-antigo.

MUSICALIDADES

E eu que pensava, fosse o amor
um calmo oboé de Mozart.
Sim, também o é.
Mas súbito, pancadas do destino
arrebentando as portas se ouvem.
É o amor, e é Beethoven.

CONCERTO DE DVORÁK

Soava na tela aquele concerto de celo de Dvorák:
eu via as imagens da orquestra
e as mãos e o rosto do possesso Misha Maisky abraçado
                              ao instrumento
engalfinhado numa amorosa luta com o sublime.

Lá fora
    a intriga nos palácios,
    as buzinas e os insultos,
    a traição, a espera, o luto.
Aqui
    a perfeição preenchendo a sala
    num momento de paz absoluta.

ALEXANDER DUBCEK:
O GUARDA FLORESTAL

21 anos passou Dubcek como guarda-florestal
depois de deposto como Primeiro-ministro
por deflagrar a "primavera de Praga".

Se gostava tanto de primavera
– pensaram os inimigos –
melhor que fosse cuidar de plantas e animais.
Assim Dubcek passou 21 anos como guarda-florestal.

É, sem dúvida, um longo tempo
para quem antes convivia com multidões na praça.
Dubcek, no entanto, manteve a necessária disciplina:
dialogava com os pinheiros,
planejava com as formigas,
parlamentava com as borboletas.

O que podia, um guarda-florestal, além disto,
senão proteger as crias das raposas
e contemplar o pôr-do-sol?

21 anos depois, da floresta,
eis que o chamam à praça pública para uma nova
                                       primavera.
Multidões o aguardam.
Dubcek fala. Como um guarda-florestal, é claro.
Uma voz de pássaro sai-lhe da garganta.
Com ele, a multidão canta.

DESCONFIANDO

Há muito
que não corro da polícia em praça pública.
Há muito
que não abrem correspondência minha.
Há muito
que não poupo palavras ao telefone.
Há muito

que não abrigo fugitivos.
Há muito
que vejo os filmes e leio livros que bem quero.

O que será que fiz?
Começo a desconfiar
que alguma coisa anda errada:
comigo
ou meu país.

WILD LIFE

Ninguém se arrepende do passado
ou planeja o futuro:
– é simplesmente um lindo dia na savana
                                                  quando
súbito
  uma hiena fareja sorrateira
  o filhote de zebra recém-nato
  os abutres comem restos da placenta
  que a mãe zebra deixou sobre a campina
  o leão alcança o corpo da girafa
  a águia arrebata a lebre na colina
  e o leopardo, o tigre e a pantera
  seguem os rastros da vítima na neblina.

É simplesmente um lindo dia na savana.
De repente
         a morte repentina.

NÃO ESTAREI AQUI EM TARDES COMO ESSAS

Não estarei aqui em tardes como essas:

– mulheres airosas e suas soberbas coxas sobre areia
que outros olharão com devoção intensa.
Falta não farei, a elas
e aos verões que não verei.

Não estarei aqui em tardes como essas:

– o alarido de andorinhas, o zumbido das cigarras
o branco azul colegial voltando para casa,
o barulhinho do chap-chap da água na enseada.

Como antes, o mundo sobreviverá sem mim.
Nunca mais tocarei a cabeleira do entardecer
e as coxas, e os seios e sua boca.

Há muito que algo em mim começa a se despedir.
Às vezes é nos momentos de mais aguda beleza
que uma parte de mim se vai enquanto
outras ficam num desespero luminoso.

É tocante o espetáculo.

Quando terei a humildade necessária
para sair de cena?

SEDUÇÃO MORTAL

Olho as coisas com um desprendimento
com um ternura angelical.
Olho-me já de longe, etéreo,
um centímetro acima do instinto vital.
A morte me seduz
e a ela me consagro
com um desprendimento fatal.

HOPPER

Hopper
e a solidão dos objetos na vitrina
Hopper
e a solidão dos corpos na varanda
na janela
na campina
Hopper
e a solidão silente.

Hopper.
Hope.
Hopeless.

MOMENTOS DE GLÓRIA

Todos têm seu momento de glória:
o tigre ante o antílope abatido,
a formiga com seu pedaço de folha às costas,
a rutilante buganvília na janela.

Todos têm seu momento de glória.

Não só Carlos Magno, Alexandre e César.
Esse grilo humilde na cortina da sala,
essa rosa inclinada sobre a tarde,
a estridente chama na lareira.
Mesmo um queijo, um vinho para ceia,
os objetos mínimos da casa
expostos na prateleira,
todos têm seu momento de glória.

O artesão ou Michelangelo,
e o que comete o crime perfeito,
o poeta e seu poema,
todos têm seu momento de glória
como aquela empregada da corte
com suas pernas e seios
como nenhuma Rainha Vitória.

VER O NADA

Estou limpando os filtros da percepção, olhando o nada:
– o mar batendo nas pedras
– essas andorinhas girando em alegres círculos
catando insetos no ar.

Estou na janela deste hotel há várias horas
vendo
esse estupendo Sol se pondo sobre o nada.

Sou tudo
> o mar, a pedra, o pássaro, o Sol
> um coração pequeno qual inseto
> pulsando secretamente na janela
> que me alberga no universo.

BIOGRAFIA ALHEIA

Cada amigo que morre
enterra consigo gestos, frases, detalhes meus
que nem suspeito
e nos outros reverberam.

Com eles esvai-se
minha inapreensível biografia.

Estou, sem eles,
ficando duplamente escasso antes do fim.
Até por egoísmo
não posso mais perdê-los,
pois em cada um que perco
perco uma parte de mim.

ISTO

Falam sobre isto.
Discursam sobre isto.
E, no entanto,
                nem por isto.

OS BOIS

De madrugada matam os bois
que comemos ao amanhecer.

No entanto, eles tinham seus projetos:
comer a erva da manhã,
mascar o azul do entardecer

e cercados de aves e borboletas
ir adubando o dia por nascer.

CENA NA LAGOA

Movida por dez braços
– múltipla flecha –
uma canoa avança
no crepúsculo da lagoa.

Atletas conduzem
a centopéia aquática
com seus potentes músculos
fecundando o ocaso.

Anoitece.
Com duas mãos
(apenas)
também remo
(parado)
na escuridão.

BATISMO NO JORDÃO

Numa tarde banhei-me no rio Jordão.
Para quem vinha dos açudes de Minas
podeis imaginar minha santa satisfação.

Eu nadava. Nadava submergia nadava
e olhava atentamente o céu.

No entanto,
nenhuma pomba
nenhuma voz paterna
dizia ser eu um escolhido
embora me aguardasse em algum lugar
a inevitável crucificação.

A PORTA DO MESSIAS

Entardecia dentro dos muros de Jerusalém:
crianças pedalavam atrás do azul
homens sentados negociavam os últimos raios de sol
mulheres vestiam antigas profecias
quando vi o fantasma do Messias
uma vez mais se aconchegando para dormir
na soleira da murada Porta de Herodes
para ele fechada, todavia.

O MÚSICO DE AUSCHWITZ

Em Jerusalém
encontrei um homem
que tocava violino em Auschwitz.
Tocava numa orquestra
acompanhando os que iam morrer no fogo crematório.
Hoje é engenheiro,
ilumina cidades do mundo inteiro,
inclusive os muros da Cidade Santa.

Não lhe perguntei que música tocava.
No seu braço o número – 121097, de prisioneiro.
Não lhe perguntei que música tocava.
Perguntei-lhe se ainda tocava.
Sim, ele tocava.

O ÉDEN POSSÍVEL

Do lado de fora da Mesquita de Oman, em Jerusalém,
muçulmanos com suas longas roupas
e sandálias de plástico
depois de passarem pelos guardas israelenses
e suas metralhadoras
repousam sob a árvore
se assentam com suas famílias domesticamente no chão
e comem e dormem.

Este sol oriental a tudo aplastra.
A garrafa de água mineral que uma mãe ergue
e dá aos filhos tem no rótulo a palavra: "Éden".

VIAGENS

Tantos lugares por conhecer
por exemplo, o deserto de Gobi,
as Galápagos,
e eu aqui disputando a cerca
com meus vizinhos,
eu aqui cochichando invejas, vaidades,
dependendo dos jornais.

Se eu fosse um sábio iria rumo ao Saara
ergueria a tenda em Machu Picchu
ou no Tibet.

Não. Um homem sábio
não é necessariamente um turista.
Retomo o meu pequeno grande romancista:
a verdade às vezes não habita os altos montes,
pode estar na rua Erê.

CÃO POETA

Já urinei em várias partes do mundo:

nas ruínas gregas do palácio de Agamenon,
na ilha Comacina – lá em Como,
em Machu Picchu.
    Urinava como um cão
marcando o território.

Às vezes, não urinava, escrevia.
Escrevia, não em árvores e pedras
como ostensivo turista.
                  Escrevia
como um cão
marcando na história alheia
– meu imponderável território.

DA JANELA DO HOSPITAL

Para Pedro Henrique Paiva

Da janela deste hospital
vejo uma nesga da floresta:
as folhas com seu denso discurso verde
acenando com a vida
                ao vento.

Ali, miríades de répteis e insetos
estão numa batalha viva
como aqui no hospital, as bactérias no meu corpo.

Procurando a vida saio pelo corredor
com fios de plástico transitando soro e seiva para o meu
                                              tronco.
Pareço um folião e seu clínico estandarte.
A enfermeira no seu relatório registrou:
"o paciente do 203 tem estranhas atitudes
                              deambulatórias".

Sou uma árvore móvel.
Sou uma árvore que anda, que anda
e para dentro frutifica.

Quando começa a madrugada
pássaros às vezes cantam nos meus ombros.

DARWIN E EU

Charles Darwin disse:
"observa-se que o elefante indiano às vezes chora".
– Também o brasileiro,
se aqui elefante houvesse.
Em não o havendo
choro eu por ele
    pesadamente.

O ESCRIBA DUKER DIRITE

O escriba Duker Dirite
2.400 anos antes de Cristo
4.399 antes de mim
estava ali fazendo o seu o meu mister.

Sentado, escrevia. Escrevia
o que lhe era dado escrever na Mesopotâmia.

Nada sei de sua biografia
   se foi traído
   se deixou dívidas
   se foi subserviente a Nabucodonosor.
Sei que escrevia.
   Nem sequer sei o que escrevia
   mas seu gesto me é tão familiar
que por sua mão há 4.399 anos escrevo
um texto que não vai nunca terminar.

UNHAS NO PAPEL

Às vezes, as unhas dos pés, em devaneio,
e as da mão, silente, corto,
entre um poema e outro de permeio.

Corto unhas quando escrevo,
corto inconsciente
                e aflito corto.
Quando me ergo da mesa
deixo no chão vestígios
do que podei.
E no papel,
a ilusão que semeei.

SUTIS, AS PALAVRAS

Tenho que ficar atento às palavras que me anotam.
Limpar de novo os tímpanos. Sutis, elas ressoam

e se apagam sem alarde.
Se não as escrevo, as essenciais,
não terei como dar notícias de você em mim.

As palavras, com o tempo
tornam-se suavíssimas, de seda.
Há que recolhê-las
no casulo das tardes outonais.

Ouvir a única palavra, sem impurezas.
Não se trata de burilá-la, e sim surpreendê-la.
Palavras estão passando como pássaros invisíveis,
mas cantantes.

Tento segui-las,
não só com os olhos, mas pelo alarido
de suas penas no papel.

As palavras vêm em bandos.
Algumas pousam em ruínas,
saltam de galho em galho,
mostram e escondem sua face
e buscam outras páginas, bocas e quintais
fazendo pensar que é delas
o alarido que é meu.

PARA ONDE?

Quando começar a me desintegrar
para onde escorrerão meus belos sentimentos
e as sensações palpáveis do meu corpo?

Para onde escorrerá
o conteúdo desta forma,
este aqui e este agora?
Haverá sobrante essência
do corpo que dessora?

Por quanto tempo ficarei pairando
no céu da sala, nas antologias e conversas,
numa indefinível aura literária
enquanto a carne se desfaz na urna funerária?

ANTES QUE ESCUREÇA – 2

Levanto-me para olhar o mar
antes que escureça.

Sopra um vento de leste
e eu sei que as águas estão mais frias.

Considero as plantas do jardim.
Na estante os livros me contemplam.
Levanto os olhos pesquisando o nada
e vejo uma gaivota no horizonte.
Ruídos da tarde me enternecem:
– uma buzina
– um grito de criança
– o cão latindo persistente.

O Sol se põe à minha direita, exausto.
De tantas tardes esvaídas
esta grafou-se naturalmente no papel.
A tarde tem sortilégios.
Estou maduro para estrelas.
Escrevo. Venta o leste.
Escurece. E algo em mim
aos poucos se esclarece.

PRESENÇA-AUSÊNCIA

A presença é finita.
A linha do presente
nos limita.

Mas é tudo o que se pode
em nossa finitude.

Para a ausência caminhamos
aspirando a plenitude.

JARDINAGEM

Amadureço na morte alheia a minha morte.
Olho na lombada dos livros
os que se foram
e nos vazios endereços a amizade
que do outro lado evaporou-se.

Às vezes me penso um coveiro
semeando lápides em crônicas e poemas,
outras,
buscando flores e perfumes no que enterrei
– um aplicado jardineiro.

ADOLESCÊNCIA

Bom teria sido
amar na adolescência
a pele clara da vizinha
com rendas sobre os seios
e perfume de odalisca
na entreaberta cortina.

Bom teria sido, na minha rua,
ter beijado Silvinha, Amélia, Clarice
e a inesquecível boca
de Lourdinha.

Se isto tivesse me sucedido ali
talvez se saciasse meu desejo
e eu não correria mais atrás da fonte
com minha sede tardia.

AMIZADES & EXÍLIOS

(Lembrando Ivan Otero)

Belo
vens caminhando pela praia.
De pronto, não te reconheço.

Tens os cabelos brancos
embora sejas belo e forte
como ontem
quando íamos ao colégio
e as colegas te amavam
e os colegas te invejavam
no teatro e nos esportes.

Trinta anos cortados de exílio
mulher, polícia e filhos. "Ah! o amor!
ah! o amor (nos confessamos)
nunca o entenderemos."

Conferimos os fios de nossas brancas barbas
que derramam sabedoria
em ondas sobre a areia.

Não somos sequer dois sábios chineses
senão dois náufragos brasileiros
sobraçando destroços pessoais numa praia tropical.

ENQUETE

– O que estás lendo?

A caligrafia dos insetos nas folhas.
O emblema das constelações.
O folhetim tempestuoso das nuvens.
Os arabescos dos siris na areia.

E o ideograma das revoluções.

PRESENTE VIVO

Viver
é conjugação diária
                    do presente.
Viver
    é presentear.
Mais que um jeito de doer
é um modo de doar.

E um presente
mais que um objeto
é o elo entre dois olhos
a floração do gesto
o prateado evento
e o cristalino afeto.

Não se dá
apenas pelo prazer
                    de ver
o outro receber.
                Dá-se
para que o outro
entre-abrindo-se ao presente
também dê.

UM OPERÁRIO E SEU DESEJO

De minha janela vejo um operário que se masturba
no topo do edifício.
Insólito lugar escolheu
para realizar seu desejo.

A princípio afastei os olhos, pundonoroso,
depois
de novo o procurei
e ele ainda se empenhava
laborando o prazer
naquela ponta de seu corpo.

Não segui até o fim seu ritual.
Preferi pensar que aquele era um gesto banal,
embora a céu aberto, no topo de um edifício às dez horas
                                      da manhã.
Banal como o indivíduo que puxa um cigarro
e prazeroso fuma,
banal como o poeta
que num solitário ofício
manipula seu poema no topo do edifício ao lado
e dele tira um gozo estranho
                        – que o pacifica.

DIÁLOGO COM OS MORTOS

Começo a conversar com os mortos amiúde
e vejo que têm muito a me dizer.

Estão sempre à minha espera
numa página de livro ou na memória.

Converso com eles
como se o assunto com meus contemporâneos
já se tivesse esgotado,
como se só eles, os mortos,
tivessem algo novo a me dizer.

VIII REUNIÃO DE INTELECTUAIS LATINO-AMERICANOS DURANTE O VIII ENCONTRO DE CHEFES DE ESTADO DO CONTINENTE, México, 1986

(Lembrando Octávio Paz e José Guilherme Merquior, presentes)

Estamos atrás desta mesa
e somos donos de uma certa sabedoria
que se compraz
num jeito narcísico de se expor.

Teorizamos. Com a linguagem
tentamos
ladrilhar a angústia e a história.

Lá fora, a rua,
a cidade onde os homens se amam e se devoram.

Ah! se os governantes nos ouvissem.

Que duro
– além da culpa histórica –
carregar a impotência,
a impotência
            para realizar as utopias
de mais uma
       perdida geração.

VIDA ALITERÁRIA

Como cantam as aves!
Algumas estridentes
outras melodiosas
cada qual com o canto
que lhe é próprio.

Não competem entre si.

Com o canto que sabem
comem, alimentam seus filhotes
defendem-se de ataques
seduzem para o amor
e a natureza as ouve a todas
sem ter que premiar nenhuma.

ESGOTAMENTOS

Cuidado
       quando lhe disserem
       que o romance está esgotado
       que a poesia está esgotada
       que a música está esgotada
       que a pintura está esgotada
       que a escultura está esgotada
       que o balé está esgotado
       que o cinema está esgotado
       que o teatro está esgotado
       que a arte está esgotada
       que a história está esgotada
       que o homem está esgotado
       que Deus está esgotado
Cuidado
       pois esse alheio esgotamento
       só nos consegue deixar
       com a paciência esgotada.

PREPARAÇÃO

Menino
olhava a tarde sem compromisso.
Sentado ao meio-fio
ciscava metafísicas
com um gravetinho na mão.
No fundo do quintal
no sótão e no porão
vislumbrei os primeiros mistérios.

As coisas essenciais
eram-me servidas.
A mim cabia apenas preencher o dia
com um ou outro dever
e uma vaga poesia.

EPIFANIA NUM BAR DE AIX

Sempre pensei, seria assim a maturidade:
nenhum conflito insolúvel,
a natureza fluindo pelos poros e, na alma,
um filtro apaziguante.
De repente, olhando o passado, nada me abomina.
De repente, sempre me pareceu ter tudo o que não tive.
Se entrasse um coro de arcanjos cantando
pela porta barulhenta desse bar
nenhum espanto causariam, viriam
sobre mim naturalmente pousar.

Visto assim na multidão, não me destaco.
Mas neste bar pareço ter raízes de araucária
ou uma montanha radiante sob o gelo.
Se a mulher que eu amo entrasse neste instante
nada perturbaria, apenas tomaria, em mim, o seu lugar
e minha felicidade assim duplicaria.

Estou maduro, pois tenho essas coisas banais:
o não e o sim,
o claro e o escuro,
a origem e o fim.
– Que posso querer mais?

PRIMAVERA EM AIX

> *Martim caiu em área sagrada.*
> Clarice Lispector

Caí em área sagrada.

Esses frutos não estavam aqui
quando ontem adormeci.
Súbito
       do caule e folhas
       explodem
pêssegos, uvas, cerejas,
e das giestas, roseiras, tulipas, ciclames, acácias e jasmins
escorre o mel
              que em mim transborda.

Se a mulher que eu amo
                  estivesse aqui
eu saberia o nome dessas mínimas flores.

Derramam-se trepadeiras pelos portões
e enlouquecidos pássaros
cantam desde a madrugada.
Lagartixas, formigas e besouros
  – minúsculos amigos
passeiam pelas frestas do meu corpo sobre a relva
disseminando paz nas brechas das lembranças.

Meu corpo é um filtro: a primavera transita
em meus pulmões.
Os olhos, maduros, devoram cores.
Abraço o plátano e choro em coro
enquanto o mel da eternidade me lambuza o rosto.
Abelhas fecundantes descem sobre mim, perdido Orfeu
e me desfaço em deliqüescentes delícias
– as mais sublimes.

FLORES SEM NOME

Estou amando essas flores, sem lhes saber o nome.
Isto não é justo, nem suficiente.

Sei-lhes o perfume,
vejo pequenas abelhas que as circundam
e delas se alimentam
sem lhes indagar sequer o nome.

Inominadas,
como apreendê-las no poema?

Delas guardarei no tempo
certa cor, certo aroma, certa forma,
como certas pessoas que por mim passam
– inalcançáveis –
embora deixassem nos meus olhos
o mesmo inominado aroma.

O PAI

Procuro em meus papéis,
nos baús familiares
um perdido testamento.

Encontro cartas, provérbios em Esperanto,
pensamentos de Raumsol e a caligrafia de meu pai.
Homem de fé, rezava nos cemitérios.
Expulsou demônios em Uberlândia
e alta madrugada enfrentou o diabo
cara a cara em Carangola.

Nenhum dos filhos a tempo o entendeu.
Mas ele, esperantista,
esperava as cartas da Holanda,
as vacas gordas de José,
e o fim da Torre de Babel.
Meu pai, cidadão do mundo,
pobre professor de Esperanto
à beira do Paraibuna.

Lia, lia, lia. Havia sempre
um livro em sua mão.
E chegavam missivas
e selos fraternais
– *mia caro samiedano* –
Polônia, China,
Bélgica e Japão.

Maçom, grau 33,
letra caprichosa,
bordava atas da confraria,
falava-nos de bodes e caveiras,
liturgias impenetráveis
e um dia trouxe-nos a espada
que entre os maçons usava.

Aos domingos, à mesa
refestelava-se de Salmos:
lia os mais compridos
ante a fria macarronada,
mas sua flauta domingueira
apascentava meu desejo
de pecar lá no quintal
e arrebanhava as dívidas
despertas na segunda-feira.

Esteve em três revoluções.
Não sei se dava tiros
e medalhas nunca foi buscar.
Capitão de milícias
aposentado por desacato ao superior
discutia política sem muito empenho.
Votava com os pobres: PTB-PSD.
Tio Ernesto era udenista
e cobrava-lhe rigor.

Levou-me a ver Getúlio
num desfile militar.
No bolso, uma carta
expondo ao Presidente

penosa situação:
injustiças militares,
necessidade de abono
e pedia uma pasta de livros
pro meu irmão.

Isto posto, era capaz de esperar
semanas e meses
sem desconfiar que, ao chorar
ouvindo novelas
da Rádio Nacional,
era ele próprio personagem,
porque se, como diz García Márquez,
ninguém escreve ao coronel,
o ditador jamais responderia ao capitão.

Noivo contrariado,
fugiu com minha mãe
e com ela trocou cartas, que vi,
escritas com o próprio sangue.
Brigou com um carroceiro
que chicoteava uma besta
diante de nossa porta.
E quando a tarde crepusculava,
tomava a filha paralítica no colo
passeando seu calvário pelas ruas
do interior.

Certa vez, como os irmãos
pusessem em mim trinta apelidos
querendo me degradar
chamando-me de "guga"
"tora", "manduca" e "júpiter",
certa noite, notando-me a tristeza
levou-me pro quintal
entre couves e chuchus:
mostrou-me Júpiter, a enorme estrela
e outras constelações: peixes
touros, centauros, ursas maiores e menores
tudo a brilhar em mim

estrelas que com ele eu distinguia
e desde aquela noite
nunca mais pude encontrar.

CONSTRUÇÃO, 1967

1.500 telhas,   5 portas, sendo
                  1 de entrada
                  2 laterais
                  1 de fundo
                  7 internas
                  8 janelas, sendo
                  3 laterais
                  3 frontais
                  2 de fundo

30.000 tijolos, mais
          reboco, vidraças, fios, lâmpadas, canos,
          fechaduras, maçanetas, trincos, esquadrias
          fios, tacos, privadas, banheiros e pias,
          azulejos e lambris vermelhos

          – tudo isto amontoado
          não é uma casa
          como um dicionário
          não é ainda um poema.

GOLPE LITERÁRIO

Três poetas tropicais
revertendo o continente
com conteúdos formais
deram um golpe na poesia
e o alardearam nos jornais.

A seguir
baniram o verso
dos poemas nacionais
exilaram a poesia

nas traduções abissais
e reescreveram a história literária
com ares imperiais.

Esta história local
com conteúdos morais,
mostra
que no Terceiro Mundo
até poetas
tratam a poesia
imitando os generais.

A PAINEIRA E A FAVELA

Para Sérgio Faraco

Essa paineira na entrada da favela ao lado
está florindo
        – e não é primavera.
Sob a rosada copa passam pivetes em fuga
e cruzam tiros de escopeta e AR-15.

À noite
     são balas luminosas com seus rastros
     traficando angústia na vizinhança.
Só uma vez, vi um cadáver baixar do morro.

Amanhece
     e de minha janela vejo o mar.
O mar
   e essa paineira florindo
   – luminosa
embora não seja primavera.

COISAS BÁSICAS

Vinte e poucas letras de alfabeto
e os inumeráveis textos e civilizações

sete notas musicais
e a profusão de harmonias e canções

quatro cores básicas
e essa infindável reverberação

dois dígitos
e o conhecimento cósmico em expansão

um só Princípio Ordenador
contendo em si o seu contrário
e, no entanto,
que incalculáveis conseqüências!

COISAS DA PRIMAVERA

O que fazer contigo loira primavera
que me chegas entreabrindo o mel das coxas?

O equinócio de tuas ancas me ilumina
a corola de tua boca tem zumbidos
e a cabeleira luminosa aflora
enquanto tuas pupilas me devoram.

SIGNIFICADOS

Comprava dicionários para compreender-me
como se colhesse os fios de uma rede.
Entre as palavras, no entanto,
a vida vazava como invisível água
enquanto me aumentava a sede.

O IMPOSSÍVEL ACONTECE

O Messias nasceu de uma Virgem.
O grande pensador grego nunca escreveu um livro.
A Nona Sinfonia é fruto de um homem surdo.
Na Biblioteca de Babel o leitor era um poeta cego.
E não tinha mãos, o homem que fez
as mais belas esculturas de meu país.

FIM / COMEÇO DOS TEMPOS

Porque o século ia acabar
fizemos a última guerra
comemos o último banquete
colhemos a última orquídea
bebemos o último cálice
amamos pela última vez
e saudamos o último crepúsculo.

Porque o século ia começar
saudamos a primeira aurora
amamos pela primeira vez
bebemos o primeiro cálice
colhemos a primeira orquídea
comemos o primeiro banquete

e fizemos a primeira guerra.

ANALFABÉTICO

Nunca direi a palavra completa
Pois entre Alfa e Ômega
sou Beta.

Nunca direi a verdade absoluta
pois o que exponho
não é sequer vitória,
mas uma parte da luta.

SOBRE O AUTOR

O nome de Affonso Romano de Sant'Anna surgiu nas principais publicações culturais do país em a partir de 1956, quando começou a participar dos movimentos culturais de vanguardas. Em 1965, lançou seu primeiro livro de poesias, *Canto e palavra*. Nesse mesmo ano, embora impedido pela ditadura de sair do país, foi lecionar na UCLA (Califórnia), onde ficou até 1967. Entre 1968 e 1969, participou do International Writing Program em Iowa (USA), dedicado a jovens escritores de todo o mundo. Neste último ano, defendeu a tese de doutoramento intulada *Carlos Drummond de Andrade, o poeta 'gauche' no tempo*, que mereceu quatro prêmios nacionais. Dirigiu o Departamento de Letras e Artes da PUC/RJ (1973-76), quando realizou uma série de encontros nacionais de escritores e críticos, trazendo ao Brasil personalidades como Michel Foucault.

Em 1984, foi convidado a substituir Drummond como cronista no *Jornal do Brasil*. No final da ditadura tornou-se ainda mais conhecido por estampar poemas nas páginas de política dos jornais e por produzir poemas para televisão e rádio. Nessa década, começou a participar de festivais internacionais de poesia: México, Israel, Quebec, Dublin, Medellín, Coimbra, etc. De 1990 a 1996, foi presidente da Biblioteca Nacional, sendo o responsável pela modernização tecnológica da instituição e por uma série de programas de alcance nacional e internacional. Criou o

Sistema Nacional de Bibliotecas, que reúne três mil instituições, o Programa de Promoção da Leitura (Proler) e o programa Uma Biblioteca em Cada Município. Entre 1995 e 1996, foi secretário-geral da Associação das Bibliotecas Nacionais Ibero-Americanas e, entre 1993 e 1995, presidente do conselho do Centro Regional para o Fomento do Livro na América Latina e no Caribe (Cerlalc).

Lecionou na UFMG, na PUC-RJ, na UFRJ e, no exterior, deu cursos em universidades de Los Angeles (1965-1967), do Texas (1976), de Colônia (1978) e de Aix-en-Provence (1980-1982). Foi bolsista das fundações Guggenheim, Ford e Gulbenkian; em 1999, esteve em Bellagio, Itália, a convite da Fundação Rockefeller, para ultimar seu livro *Textamentos* e pesquisar sobre carnavalização e cultura. Ao longo dos anos, publicou cerca de 30 livros de ensaios, poesia e crônica, e seus poemas estão em dezenas de antologias, livros e revistas no exterior. Em 1990, foi considerado pela revista *Imprensa* como um dos dez jornalistas que mais influenciaram a opinião pública brasileira.

Obras do autor:

Poesia
Canto e palavra. Imprensa Oficial de Minas Gerais, 1965.
Poesia sobre poesia. Imago, 1975.
A grande fala do índio guarani. Summus, 1978.
Que país é este? Rocco, 1980.
A catedral de Colônia e outros poemas. Rocco, 1984.
A poesia possível (poesia reunida). Rocco, 1987.

A morte da baleia. Berlendis & Vertecchia, 1990.
O lado esquerdo do meu peito. Rocco, 1992.
Melhores poemas de Affonso Romano de Sant'Anna. Global, 1993.
Epitáfio para o século XX (antologia). Ediouro, 1997.
A grande fala e Catedral de Colônia (edição comemorativa). Rocco, 1998.
O intervalo amoroso (antologia). L&PM, 1999.
Textamentos. Rocco, 1999.

Ensaio
O desemprego do poeta. UFMG, 1962.
Por um novo conceito de literatura brasileira. Eldorado, 1977.
Política e paixão. Rocco, 1984.
Paródia, paráfrase & cia. Ática, 1985.
Como se faz literatura. Vozes, 1985.
Análise estrutural de romances brasileiros. Ática, 1989.
Drummond, o "gauche" no tempo. Record, 1990.
O canibalismo amoroso. Rocco, 1990.
Agosto, 1991: estávamos em Moscou (com Marina Colasanti). Melhoramentos, 1991.
Émeric Marcier. Pinakoteke, 1993.
O que aprendemos até agora? Edutifa, 1984; Universidade de Santa Catarina, 1994.
Música popular e moderna poesia brasileira. Vozes, 1997.
Barroco, a alma do Brasil. Comunicação Máxima/Bradesco, 1997.
A sedução da palavra. Letraviva, 2000.
Barroco, do quadrado à elipse. Rocco, 2000.
Desconstruir Duchamp. Vieira & Lent, 2003.
Que fazer de Ezra Pound. Imago, 2003.

Crônica
A mulher madura. Rocco, 1986.
O homem que conheceu o amor. Rocco, 1988.

A raiz quadrada do absurdo. Rocco, 1989.
De que ri a Mona Lisa. Rocco, 1991.
Fizemos bem em resistir (antologia). Rocco, 1994.
Mistérios gozosos. Rocco, 1994.
Porta de colégio (antologia). Ática, 1995.
A vida por viver. Rocco, 1997.
Que presente te dar (antologia). Expressão e cultura, 2001.
Pequenas seduções (antologia). Sulina, 2002.
Nós, os que matamos Tim Lopes. Expressão e cultura, 2002.

Coleção **L&PM** POCKET (LANÇAMENTOS MAIS RECENTES)

387. Boas maneiras & sucesso nos negócios – Celia Ribeiro
388. Uma história Farroupilha – M. Scliar
389. Na mesa ninguém envelhece – J. A. P. Machado
390. 200 receitas inéditas do Anonymous Gourmet – J. A. Pinheiro Machado
391. Guia prático do Português correto – vol.2 – Cláudio Moreno
392. Breviário das terras do Brasil – Luis A. de Assis Brasil
393. Cantos Cerimoniais – Pablo Neruda
394. Jardim de Inverno – Pablo Neruda
395. Antonio e Cleópatra – William Shakespeare
396. Tróia – Cláudio Moreno
397. Meu tio matou um cara – Jorge Furtado
398. O anatomista – Federico Andahazi
399. As viagens de Gulliver – Jonathan Swift
400. Dom Quixote – v.1 – Miguel de Cervantes
401. Dom Quixote – v.2 – Miguel de Cervantes
402. Sozinho no Pólo Norte – Thomaz Brandolin
403. Matadouro Cinco – Kurt Vonnegut
404. Delta de Vênus – Anaïs Nin
405. O melhor de Hagar 2 – Dik Browne
406. É grave Doutor? – Nani
407. Orai pornô – Nani
408.(11). Maigret em Nova York – Simenon
409.(12). O assassino sem rosto – Simenon
410.(13). O mistério das jóias roubadas – Simenon
411. A irmãzinha – Raymond Chandler
412. Três contos – Gustave Flaubert
413. De ratos e homens – John Steinbeck
414. Lazarilho de Tormes – Anônimo do séc. XVI
415. Triângulo das águas – Caio Fernando Abreu
416. 100 receitas de carnes – Silvio Lancellotti
417. Histórias de robôs: vol.1 – org. Isaac Asimov
418. Histórias de robôs: vol.2 – org. Isaac Asimov
419. Histórias de robôs: vol.3 – org. Isaac Asimov
420. O país dos centauros – Tabajara Ruas
421. A república de Anita – Tabajara Ruas
422. A carga dos lanceiros – Tabajara Ruas
423. Um amigo de Kafka – Isaac Singer
424. As alegres matronas de Windsor – Shakespeare
425. Amor e exílio – Isaac Bashevis Singer
426. Use & abuse do seu signo – Marilia Fiorillo e Marylou Simonsen
427. Pigmaleão – Bernard Shaw
428. As fenícias – Euripides
429. Everest – Thomaz Brandolin
430. A arte de furtar – Anônimo do séc. XVI
431. Billy Bud – Herman Melville
432. A rosa separada – Pablo Neruda
433. Elegia – Pablo Neruda
434. A garota de Cassidy – David Goodis
435. Como fazer a guerra: máximas de Napoleão – Balzac
436. Poemas de Emily Dickinson
437. Gracias por el fuego – Mario Benedetti
438. O sofá – Crébillon Fils
439. O "Martín Fierro" – Jorge Luis Borges
440. Trabalhos de amor perdidos – W. Shakespeare
441. O melhor de Hagar 3 – Dik Browne
442. Os Maias (volume1) – Eça de Queiroz
443. Os Maias (volume2) – Eça de Queiroz
444. Anti-Justine – Restif de La Bretonne
445. Juventude – Joseph Conrad
446. Diálogos – Platão
447. Janela para a morte – Raymond Chandler
448. Um amor de Swann – Marcel Proust
449. À paz perpétua – Immanuel Kant
450. A conquista do México – Hernan Cortez
451. Defeitos escolhidos e 2000 – Pablo Neruda
452. O casamento do céu e do inferno – William Blake
453. A primeira viagem ao redor do mundo – Antonio Pigafetta
454.(14). Uma sombra na janela – Simenon
455.(15). A noite da encruzilhada – Simenon
456.(16). A velha senhora – Simenon
457. Sartre – Annie Cohen-Solal
458. Discurso do método – René Descartes
459. Garfield em grande forma – Jim Davis
460. Garfield está de dieta – Jim Davis
461. O livro das feras – Patricia Highsmith
462. Viajante solitário – Jack Kerouac
463. Auto da barca do inferno – Gil Vicente
464. O livro vermelho dos pensamentos de Millôr – Millôr Fernandes
465. O livro dos abraços – Eduardo Galeano
466. Voltaremos! – José Antonio Pinheiro Machado
467. Rango – Edgar Vasques
468. Dieta mediterrânea – Dr. Fernando Lucchese e José Antonio Pinheiro Machado
469. Radicci 5 – Iotti
470. Pequenos pássaros – Anaïs Nin
471. Guia prático do Português correto – vol.3 – Cláudio Moreno
472. Atire no pianista – David Goodis
473. Antologia Poética – García Lorca
474. Alexandre e César – Plutarco
475. Uma espiã na casa do amor – Anaïs Nin
476. A gorda do Tiki Bar – Dalton Trevisan
477. Garfield um gato de peso – Jim Davis
478. Canibais – David Coimbra
479. A arte de escrever – Arthur Schopenhauer
480. Pinóquio – Carlo Collodi
481. Misto-quente – Charles Bukowski
482. A lua na sarjeta – David Goodis
483. Recruta Zero – Mort Walker
484. Aline 2: TPM – tensão pré-monstrual – Adão Iturrusgarai
485. Sermões do Padre Antonio Vieira
486. Garfield numa boa – Jim Davis
487. Mensagem – Fernando Pessoa
488. Vendeta *seguido de* A paz conjugal – Balzac
489. Poemas de Alberto Caeiro – Fernando Pessoa
490. Ferragus – Honoré de Balzac
491. A duquesa de Langeais – Honoré de Balzac
492. A menina dos olhos de ouro – Honoré de Balzac
493. O lírio do vale – Honoré de Balzac

494(17). A barcaça da morte – Simenon
495(18). As testemunhas rebeldes – Simenon
496(19). Um engano de Maigret – Simenon
497. A noite das bruxas – Agatha Christie
498. Um passe de mágica – Agatha Christie
499. Nêmesis – Agatha Christie
500. Esboço para uma teoria das emoções – Jean-Paul Sartre
501. Renda básica de cidadania – Eduardo Suplicy
502(1). Pílulas para viver melhor – Dr. Lucchese
503(2). Pílulas para prolongar a juventude – Dr. Lucchese
504(3). Desembarcando o Diabetes – Dr. Lucchese
505(4). Desembarcando o Sedentarismo – Dr. Fernando Lucchese e Cláudio Castro
506(5). Desembarcando a Hipertensão – Dr. Lucchese
507(6). Desembarcando o Colesterol – Dr. Fernando Lucchese e Fernanda Lucchese
508. Estudos de mulher – Balzac
509. O terceiro tira – Flann O'Brien
510. 100 receitas de aves e ovos – José Antonio Pinheiro Machado
511. Garfield em toneladas de diversão – Jim Davis
512. Trem-bala – Martha Medeiros
513. Os cães ladram – Truman Capote
514. O Kama Sutra de Vatsyayana
515. O crime do Padre Amaro – Eça de Queiroz
516. Odes de Ricardo Reis – Fernando Pessoa
517. O inverno da nossa desesperança – John Steinbeck
518. Piratas do Tietê – Laerte
519. Rê Bordosa: do começo ao fim – Angeli
520. O Harlem é escuro – Chester Himes
521. Café-da-manhã dos campeões – Kurt Vonnegut
522. Eugénie Grandet – Balzac
523. O último magnata – F. Scott Fitzgerald
524. Carol – Patricia Highsmith
525. 100 receitas de patisseria – Silvio Lancellotti
526. O fator humano – Graham Greene
527. Tristessa – Jack Kerouac
528. O diamante do tamanho do Ritz – S. Fitzgerald
529. As melhores histórias de Sherlock Holmes – Arthur Conan Doyle
530. Cartas a um jovem poeta – Rilke
531(20). Memórias de Maigret – Simenon
532. O misterioso sr. Quin – Agatha Christie
533. Os analectos – Confúcio
534(21). Maigret e os homens de bem – Simenon
535(22). O medo de Maigret – Simenon
536. Ascensão e queda de César Birotteau – Balzac
537. Sexta-feira negra – David Goodis
538. Ora bolas – O humor cotidiano de Mario Quintana – Juarez Fonseca
539. Longe daqui aqui mesmo – Antonio Bivar
540(5). É fácil matar – Agatha Christie
541. O pai Goriot – Balzac
542. Brasil, um país do futuro – Stefan Zweig
543. O processo – Kafka
544. O melhor de Hagar 4 – Dik Browne
545(6). Por que não pediram a Evans? – Agatha Christie
546. Fanny Hill – John Cleland
547. O gato por dentro – William S. Burroughs
548. Sobre a brevidade da vida – Sêneca
549. Geraldão 1 – Glauco
550. Piratas do Tietê 2 – Laerte
551. Pagando o pato – Ciça
552. Garfield de bom humor – Jim Davis
553. Conhece o Mário? – Santiago
554. Radicci 6 – Iotti
555. Os subterrâneos – Jack Kerouac
556(1). Balzac – François Taillandier
557(2). Modigliani – Christian Parisot
558(3). Kafka – Gérard-Georges Lemaire
559(4). Júlio César – Joël Schmidt
560. Receitas da família – J. A. Pinheiro Machado
561. Boas maneiras à mesa – Celia Ribeiro
562(9). Filhos sadios, pais felizes – R. Pagnoncelli
563(10). Fatos & mitos – Dr. Fernando Lucchese
564. Ménage à trois – Paula Taitelbaum
565. Mulheres! – David Coimbra
566. Poemas de Álvaro de Campos – Fernando Pessoa
567. Medo e outras histórias – Stefan Zweig
568. Snoopy e sua turma (1) – Schulz
569. Piadas para sempre (livro 1) – Visconde da Casa Verde
570. O alvo móvel – Ross MacDonald
571. O melhor do Recruta Zero (2) – Mort Walker
572. Um sonho americano – Norman Mailer
573. Os broncos também amam – Angeli
574. Crônica de um amor louco – Bukowski
575(5). Freud – René Major e Chantal Talagrand
576(6). Picasso – Gilles Plazy
577(7). Gandhi – Christine Jordis
578. A tumba – H. P. Lovecraft
579. O príncipe e o mendigo – Mark Twain
580. Garfield, um charme de gato – Jim Davis
581. Ilusões perdidas – Balzac
582. Esplendores e misérias das cortesãs – Balzac
583. Walter Ego – Angeli
584. Striptiras (1) – Laerte
585. Fagundes: um puxa-saco de mão cheia – Laerte
586. Depois do último trem – Josué Guimarães
587. Ricardo III – Shakespeare
588. Dona Anja – Josué Guimarães
589. 24 horas na vida de uma mulher – Stefan Zweig
590. O terceiro homem – Graham Greene
591. Mulher no escuro – Dashiell Hammett
592. No que acredito – Bertrand Russell
593. Odisséia (1): Telemaquia – Homero
594. O cavalo cego – Josué Guimarães
595. Henrique V – Shakespeare
596. Fabulário geral do delírio cotidiano – Bukowski
597. Tiros na noite 1: A mulher do bandido – Dashiell Hammett
598. Snoopy em Feliz Dia dos Namorados (2) – Schulz
599. Mas não se matam cavalos? – Horace McCoy
600. Crime e castigo – Dostoiévski
601. Mistério no Caribe – Agatha Christie
602. Odisséia (2): Regresso – Homero
603. Piadas para sempre (2) – Visconde da Casa Verde
604. À sombra do vulcão – Malcolm Lowry
605(8). Kerouac – Yves Buin
606. E agora são cinzas – Angeli
607. As mil e uma noites – Paulo Caruso